Kurpfälzer

Habekostbarkeiten

Für Britta,
die den Neckar runterkam ...

höma
VERLAG

Editorial

Es ist ein geschätzter und verlässlicher Wegweiser durch die Freizeit-Vielfalt im Südwesten: LEO, das Freizeitmagazin der „Rheinpfalz". Er ist ein leidenschaftlicher und wortgewandter Künstler im Südwesten und darüber hinaus: Christian Chako Habekost. Mit dem LEO-Buch „Pfälzer Habekostbarkeiten" haben der Wortakrobat und die Freizeitexperten ihren gemeinsamen Lokalpatriotismus erstmals erfolgreich gebündelt. Mit den „Kurpfälzer Habekostbarkeiten" wird jetzt dieser Weg folgerichtig fortgesetzt.

Die Kurpfalz erstreckte sich – historisch gesehen – längs des Rheins über Teile der heutigen Bundesländer Baden-Württemberg, Hessen und Rheinland-Pfalz. Als ein herausragendes Fürstentum ging die Kurpfalz 1803 sang- und klanglos unter, weil sie keinen Fürsprecher hatte, als Napoleon sie zerschlug. Als Marke lebt die Kurpfalz jedoch ungebrochen fort. Bis heute. So bezeichnen sich etwa die Mannheimer nach wie vor liebend gerne als Kurpfälzer, obwohl sie schon seit Jahrzehnten politisch und organisatorisch zu Baden-Württemberg gehören.

Doch die Kurpfalz ist auch so etwas wie ein ungefährer Begriff, weil sich die Bezeichnung heute am Dialekt orientiert und im engen Sinne auf den rechtsrheinischen Teil bezieht. Mit Blick auf den neuen lokalpatriotischen Reiseführer passt dies jedoch wie angegossen. Drehte sich das erste

Kurpfälzer Habekostbarkeiten

Habe**kostbarkeiten**

Buch um linksrheinisches Freizeitvergnügen und Chakos Lieblingsplätze in der Pfalz, so steht beim zweiten die rechte Rheinseite im Mittelpunkt. Das LEO-Team hat bei seinen Erkundungen den Radius ganz bewusst weit gewählt. Und Chako bringt es auf den Punkt: „Oigeborene, wo mit ihrm Dialekt Mussig mache, Landschafte wie'n Paradiesgaarde, Städte mit Groove, e Lewensgfühl wie am Middelmeer zwischen Haardt und Odewald und Blaue Adria. Die Kur/Palz is fer misch Highmat!"
Viel Spaß bei der Lektüre wünscht Ihnen Ihr

Michael Dostal
Geschäftsführer
mssw – Print-Medien Service Südwest GmbH

Foto: Thommy Mardo

Vorwort-Gebabbel

Das mit den Fortsetzungen is so e Sach. Aber diese musste einfach sein. Das hat weniger mit dem Erfolg der „Pfälzer Habekostbarkeiten" zu tun. Vielmehr geht es hier um die Vervollständigung einer Idee. Das heißt: Wemma Palz saacht, muss ma aa Kur/Palz sagen. Historisch natürlich und sprachlich sowieso. Denn die Pfalz hört zwar am Rhein auf, aber die Region mit ihrer langen gemeinsamen Ge(s)chichte eben nicht. Und erst recht nicht der Sprachraum des Pfälzischen, der Mandelblüte unter den deutschen Regionalsprachen, der schäänschden Unart des Mundes überhaupt. Dieses heimatliche Cross-over ist für einen Lokalpatri(di)oten, der wie Zehntausende seiner Landsleute jeden Tag auf beiden Seiten des Rheins unterwegs ist, ein Muss. Schon in meiner Biografie haben beide Seiten, die Kur- und die Pfalz, stets eine gleichwertige Rolle gespielt: in Mannheim geboren und aufgewachsen, in der Kurpfalz verwurzelt, in der Pfalz daheim und mit der Metropolregion Rhein-Neckar verbunden durch eine gute notwendige Idee, gemeinsame Sache zu machen.

Denn irgendwie gehören wir doch alle „zamme", Kurpälzer, Pälzer, Ried-Bewohner, von Oden- bis Pfälzerwald teilen wir ein Schicksal: Mir alle misse irgendwann, irgendwie üwwer die Brück durch Ludwigshafen durch. Dieses verbindende Element – der Rhein als Trennung und Bindefließglied (auch ein eigenes Thema dieses Buches) – ist es doch, was unsere Region letztlich ausmacht, Brücken schlagen, riwwer un niwwer, vun de schää uff die dabbisch Seit. Womit jede Seite gemeint ist, also je nachdem, wo ma steht – dann immer die anner Seit.

Auch in meinen Live-Shows lege ich großen Wert darauf, dass man den Rhein nicht als Trennung, sondern als gemeinsamen Strom wahrnehmen sollte, in dem der Sound der Eingeborenen-Sprooch munter vor sich hin plätschert. Die Geschichte mag es so gewollt haben, dass wir in drei Bundesländer getrennt wurden, aber trotzdem ist es ein Sprachraum, mit dem man es zu tun hat. Die Idee der Metropolregion mag so manchem SÜW-Pälzer oder Ried-HP-Bewohner künstlich und konstruiert vorkommen, aber trotzdem ist sie eine Chance, dass sich eine kleine Region zusammenrauft, ihre Eifersüchteleien und Abgrenzungsreflexe hinter sich lässt, um anzutreten und den Großen zu zeigen, wo de Barddel de Moschd holt (also äh, wo der Bürzel den Fruchtsaft holt).

Dieses Buch ist kein neuer zusätzlicher „Reiseführer", der den Anspruch erhebt, die Region ganzheitlich und sehenswürdig-sachlich abzudecken, sondern eine emotionale Einladung an alle Pfälzer, neue Abenteuertrips zu unternehmen niwwer auf die Kurpfälzer Seite. Und es soll eine emotionale Erinnerung sein für alle Kurpfälzer, was für Schätze, Kleinodien und Geheimnisse direkt vor ihrer Haustür liegen, direkt vor de Nas un newedro. Natürlich richtet sich dieser satirisch-informative Rundumschlag nicht zuletzt auch an all die Außergewärtigen und Außengeländer, die die Region auf andere, unterhaltsame Art kennenlernen wollen. Dabei sind diese Habekostbarkeiten nicht ausgewogen oder gerecht oder gar sachlich. Uff ken Fall!! Sondern vielmehr: direkt, satirisch, aus-dem-Bauch-raus-emotional und immer high-matlich parteiisch gegen alle Besserwisser, Iwwerkandidelte und Arroganz-Honnebombel, die unser Region belächeln, weil ihne unser lebensluschdisch-direkte Art suspekt ist und sie sowieso mit unserm Gebabbel überhaupt net zureschtkumme.

Weil de Chako in der Kurpfalz aufgewachsen ist, in Mannheim seine Kindheit verbracht hat, lässt es sich kaum vermeiden, dass der Text dann und wann eine gewisse sentimentale Retro-Note bekommt, besonders dann, wenn es darum geht, welche Sonntagsausflüge der klääne Chako frieher gemacht hat (hot mache misse). Die Lieblingsplätze babbeln dabei sowieso ihr eigeni Sprooch ... Aber neben der persönlichen und ganz und gar einseitigen kurpälzisch-lokalpatri(di)otischen Sicht, soll dieser Band auch wieder seinen ganz sachlichen Gebrauchswert haben. Das ist wieder das Verdienst der LEO-Redaktion, an die hier mein erster Dank geht. Weil einige dieser famosen Truppe zwar linksrheinisch arbeiten, aber rechtsrheinisch wohnen, sind unter den vielen nützlichen Trip- und Ausflugsvorschlägen ein paar echte Insider-Tipps und persönliche Hinweise, fernab der ausgetretenen Touristenpfade. Was wär dem Chako sei Gebabbel ohne diese handfesten und bestens recherchierten Artikel? Super-Sach!

Wie auch schon beim ersten Buch haben Dieter Mauer vom Höma Verlag und Michael Dostal als Herausgeber meinen Dank verdient. Sie haben es verstanden, durch penetrant liebevolle Hartnäckigkeit und nimmermüde Kompromissbereitschaft, jeden Flexibilitätstest zu bestehen und dieses Projekt auf Kurs zu halten.

Auch Carina Zweck-Osterspey hat wieder ganze Arbeit als Lektorin geleistet, hat aus- und vorsortiert, den Text gebürstet und gebügelt und geglättet, ohne ihn zu verfälschen. Danke. Und das letztendliche Donkschää muss natürlich wieder an die Adresse der Bildermacherin gehen. Es hat großen Spaß gemacht, mit ihr durch die Region zu kutschen und ganz subjektiv für ihr Objektiv zu posen. Melanie Hubach hat ihre eigene Bildersprache noch e bissel verfeinert, die Fotos sind so emotional wie der, wo druff is.

Alla hopp, los geht's jetzat!

Härzzlisch,
Christian Chako Habekost

www.chako.de

Management:
Thorsten Scheller
Fon 0621.107920
thorsten.scheller@blond-marketing.de

Die Kurpfalz ist so vielseitig, dass man sie auf die unterschied-
lichste Weise kennenlernen kann. Damit man für sich schnell
und zielgerichtet das Richtige findet, haben die LEO-Freizeitexperten
persönliche Tipps nach fünf Kriterien eingeordnet.
Noch mehr Tipps der LEO-Redaktion stehen übrigens immer
donnerstags im LEO, dem Freizeitmagazin der RHEINPFALZ.

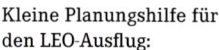

LEO-Suchhilfen

Erleben:
Mitmachen ist hier angesagt.
Beim gemeinsamen Wandern,
Radfahren, Laufen, Klettern und
vielem mehr kann man jede
Menge erleben.

Betrachten:
Sich einfach mal in Ruhe etwas
betrachten, dafür hat man in
der Kurpfalz Zeit. Die LEO-Freizeitexperten geben Tipps, wo
man das Auge besonders gut
schweifen lassen kann.

Genießen:
Kurpfälzer Genuss für alle Sinne:
bei fröhlichen Festen, tollen
Touren und Gutem aus Küche
und Keller.

Erfahren:
Wer mit Wissensdurst unterwegs
ist, kann in den Museen der
Region viel erfahren. Doch auch
außerhalb lässt sich manches
über Kurpfälzer Geschichte und
Geschichten lernen.

Entdecken:
Überraschendes gibt es in der
Kurpfalz überall zu entdecken.
Man muss es nur selbst auspro-
bieren, dann beginnt die Aben-
teuerreise direkt vor der Haustür.

Kleine Planungshilfe für
den LEO-Ausflug:
Einige Tipps eignen sich für
einen kurzen Abstecher, für andere sollte man sich schon einen
Nachmittag oder Abend Zeit nehmen und wieder andere bieten
sich für einen Tagesausflug an.
Natürlich ist das nur ein Anhalts-
punkt, hängt der individuelle
Zeitbedarf doch davon ab, wie
groß das persönliche Interesse
ist. Ob man allein oder mit der
ganzen Familie im Schlepptau
anreist, oder ob man unter der
Woche oder am Wochenende
unterwegs ist, spielt auch eine
große Rolle. Die Tipps sind aber
immer so ausgewählt, dass es
im Umfeld noch jede Menge zu
entdecken gibt. Selbst ein noch
so kleiner Ausflug kann also
ausgedehnt werden.

Zeitbedarf:
eine oder mehr Stunden

Zeitbedarf:
ein halber Tag

Zeitbedarf:
ein ganzer Tag

Habe**kostbarkeiten**

„Alla hopp, los geht's jetzat!"

Wasser

Dolce Vita uff de Neckarwies

Die Kurpfalz ist eine wildwuchernd heiße Mischung aus Abwechslung, Buntheit und Vielfalt. Eines ist überall gleich, egal, wo man hinkommt: Des Wasser is schunn do! Seen, Bäche, Baggerweiher, Teiche und zwei große Flüsse prägen die Landschaft und die Menschen. Wobei gerade die Flüsse immer beides sind: Grenze und Bindeglied, Trennlinie und zu überbrückendes Fließnass. Und weil die Bewohner dieses schönen Strichs von Land so sehr und so gerne dem Wein und dem Bier frönen, ist das viele Wasser außenrum umso wichtiger – weil ohne Wasser ist weder Pils noch Schorle vorstellbar.

Der befreite Neckar
Auch historisch gesehen ist das Nass von Bedeutung. Net fer ummesunschd hieß der Fürst von damals mit Vornamen

Flüsse und Brücken

„Kur", hatte als Kurfürst deshalb automatisch auch eine spezielle Vorliebe für „Wellness", wie ma heut sage det. Also ließ er sich hier im Delta nieder, do, wo de Neckar sich willig in den Rhein ergießt. Grad der Neckar ist eine ganz eigene Spezies von Fluss. Wenn man bedenkt, was der arme Fluss mitmachen muss, bis er endlich hier an kurpfälzischen Ufern und Brücken vorbeifließen darf. So viele Kilometer Schwabenland muss die arme Wasserstraße durchfließen, bevor sie erschöpft und grimmig glucksend bei uns ankommt, um sich dann umso lebenslustiger sprudelnd in und durch die Kurpfalz zu ergießen. Kein Wunder, dass das Untere Neckartal so wunderschön ist – quasi als Empfangshalle für den schwabengeschundenen Fluss. Eberbach, Hirschhorn, Neckargemünd …, und schon fließt das Wasser irgendwie befreiter, die grünen Wellen plätschern lustig und die Fische schwimmen fröhlich im Zickzack. Gleich kommt Heidelberg, beste Postkartenaussicht, die Alte Brücke, das Studenten-Solarium auf der Wiese, der Philosophenweg, ankernde Schiffsrestaurants, Ruderer, Ausflugsdampfer – ach, was kann das Leben als Fluss doch schön sein.

Wer einmal mit dem Schiff hier vorbeituckert und in tropfenden Schleusen auf die Weiterfahrt wartet, der spürt, wie der Neckar hier jeden Kilometer genießt, den er durch die Kurpfalz noch fließen darf, bevor er endet wie so viele seiner Kollegen – indem er dankbar in den Vater aller deutschen Flüsse fließt. Gut die letzte Wegstrecke in Mannheim zieht der Fluss vorbei an Hochhäusern und dereinst stolzen, nun aber maroden, bröckelnden Stadtbauprojekten (paradoxerweise ist eins davon nach dem berühmten italienisch-kurpfälzischen Direktor des kurfürstlichen Naturalienkabinetts benannt. Ha!, wenn de alde Collini sich domols so en Murks erlaubt hätt, der wär sofort aus der Akademie der Wissenschaften exkommuniziert worre). Und weiter fließt der Neckar auf seinen letzten Metern mit begradigter Fließrichtung entlang der exotischen Kakao-Fabrikationsstätten, die gleichzeitig auch für das wohlriechende (die Eingeborene dete saache: stinkische) Au-Aroma der Neckarstadt und des Jungbuschs verantwortlich zeichnen. Dann folgen Kräne und Hafen- und Industrieanlagen. Das ist jetzt vielleicht nicht der schönste Abschnitt des Neckarflusses. Aber wenn man bedenkt, dass er auch verstopfte Städte in Talkesseln mit megateuren Bahnhofs-Baulöchern, Trollinger-Weinbergen und ein schwäbisches Atomkraftwerk überlebt hat, dann ist das hier nichts weiter als ein großes abwechslungsreiches Finale, bevor sich der Neckar in den großen Strom ergießt und damit seine Bestimmung findet: den Bappe Rhein noch flüssischer, noch mächtiger, noch breiter zu machen.

Als noi in de Rhoi
Während der Neckar eine eigene Entwicklung durchmacht, von der schwäbischen Wasserstraße hin zum kurpfälzischen

Wonne-Fluss, muss der Rhein doch immer wieder geduldig alle chemischen Badezusätze ertragen, die ihm von der Schweiz bis zur Kölner Bucht beigemischt werden. Früher war's um die Fluss-Fauna net so gut bestellt. Aber die Natur stellt sich ein auf die Menschen. Heut gibt's wieder richtig viel Fisch im Rhein un manchmal, wenn das Wasser besonders bunt ist, dann wern die uff emol so was vun fit, die sin dann die änzigschde Fisch, wo uffm Rücke schwimmen könne. Der Rhein ist nicht nur der Vater aller deutschen Flüsse. In unserer Region ist er leider auch Grenze. Er trennt hiwwe und driwwe. Die Pälzer vun de Kur. Die schää un die dabbisch Seit. Wo die genau is, hängt bezeichnenderweise immer davon ab, auf welcher Seite sich der Betrachter gerade befindet. De Bappe Rhoi ist, obwohl er die Grenze darstellt, immer auch noch fließende Erinnerung daran, dass die Kurpfalz sellemols viel größer und mächtiger war, als man sich heute denken kann. Domols, wo der Fürst noch in Kur war, das Straßengewirr hinter dem Mannheimer Schloss en riesische Gaarde un de Fluss selbschd ke Grenz, sondern der Mittelpunkt eines großen Landes von Ode- bis Pälzerwald.

Kurpfälzer Wasserstraßenkunde

Eigentlich war in der Schöpfungsgeschichte ja sowieso vorgesehen, dass die Kurpfalz mitsamt ihrem ehemaligen linksrheinischen Teil am Meer liegen sollte – zu sehr war die Mentholität ihrer Eingeborenen ähnlich der mediterranen Lebensweise: Dolce Vita, Savoir-vivre, Hopp-hopp-hopp-Schoppe-in-de-Kopp. Als es dann aber, aus heute unerfindlichen genesis-spezifischen Gründen, nicht mehr einzurichten war, die Kur/Pfälzer zu Meerbewohnern zu machen, da grub Gott als Ersatz das tiefe Tal des Rheins mit Urwäldern und Inseln und Kiesstränden. Also haben die Menschen in de Kurpfalz ihre ganz eigene Beziehung zu den Wasserstraßen und Wasseradern, die ihre Region und ihr Leben durchziehen. Einige haben sogar schwimmen gelernt in diesen Fluten. Ja, mehrere Generationen von Eingeborenen haben im Rhein die ersten Paddelversuche gemacht. Damals war das noch erlaubt, später dann „auf eigene Gefahr". Und wer einmal von Kopf bis Fuß untergetaucht ist in den Fluten der Nibelungen, der wird unverwundbar wie einst Siegfried – des glaabschd awwer. Wer hier prustend inmitten braungrauer Wellen, die durch einen vorbeiziehenden holländischen Lastkahn verursacht wurden, nach Luft geschnappt und überlebt hat, ohne mehr wie en Liter zu schlucke, der braucht kein Wasser der Welt mehr zu fürchten. Der kann aa in Bangladesch ausm Hahne oder in Mali ausm Tanklaster trinke.

Heute darf man zwar offiziell im Rhein nicht mehr schwimmen. Aber veranstalte einmal im Mannheimer Strandbad mit türkischen Mitbürgern eine Grillorgie, hock dich locker ge-loungt auf die Terrasse des Restaurants und guck dem langsamen Treiben der Lastkähne zu, stürz dich ins Trekking-Abenteuer durch den Fluss-Urwald der Reiß-Insel inklusive reflektierenden Joggern, leinenlosen Hunden und ihren coolen Besitzern („Der macht nix, der will nur was zu beiße!") – donn wird klar, warum der Fluss eine Lebens(!)ader ist.

In Zeitlupe üwwer die Brück

Eine Fluss-Lebensader, die erst mal per Brücke überwunden werden muss, wenn man zur Arbeit fährt. Ja, es kann auch nervig sein, wenn man so viel Wasser um sich herum hat, dass man dauernd irgendwo riwwer muss. Manche Pendler stehen jeden Morgen und Nachmittag in einem Stau, der meistens irgendetwas mit einer Brücke zu tun hat. Un uff emol hat die Verbindung über den Fluss nix völkerverbindendes mehr, sondern fungiert nur noch als asphaltierter Staumelder. Es soll Leut geben, die kumme schneller von Wein- nach Mann-

Dolce Vita am Playa del Ma.

heim, als in Mannheim selbst von de Neckarstadt in die Quadrate. Und schon wird die Brücke zum Nadelöhr. Alle sind frustriert und blind auf einmal für das, was unter ihnen liegt, dieses Idyll der Flussauen, grün und saftig die Wiese, blau und wellig das Wasser mit lustig springenden Fischlein.

Flussauen, Grillorgien, Qualmattacken

Die Flussauen in Heidelberg und Mannheim haben heute ihre eigene Eventkultur entwickelt. Do is was los, hear! Früher wurden die nur als Überschwemmungsreserve und als Hundeklo genutzt. Heut werdd do gegrillt, bis die Feuerwehr zum Mitesse oder zum Lösche kummt. Es soll Sommerabende gegeben haben, da war der Ausstoß der vielen Grillstationen unne uff de Neckarstädter Wies heftiger als die Anilin ein paar Hundert Meter weiter. Aber während die BASF inzwischen beste Filteranlagen auf ihren Schornsteinen hat, zündeln Hobbygriller, die was auf ihre Feuerkünste halten, mit allem, was brennbar ist. Früher waren die Wohnungen mit Blick auf den Neckar begehrt. Heut sind sie zumindest Sommer-Samstagabends eher so was wie eine unfreiwillige Grill-Rauchschwaden-Auffangstation. Wie ma's aber auch macht – immer irgendwas stimmt net. Es gab Zeiten, da waren die Flusswiesen verlassenes Brachgelände. Unter der Brücke hausten, getreu dem alten Klischee, die Stadtstreicher, und alle paar Wochen kam ländliche Romantik in die Stadt in Form einer Schafherde mit Schäfer, Hunden und allem drum un dran. Und heute? Anstatt dass man sich freut, dass der Lebensraum Flussufer neu angenommen und quasi als mittelmeerstrandiger Picknickplatz interpretiert wird, do werdd gemotzt, dass des so net geht. Un annerschd aa net. Un üwwerhaupt. Do könnt jo jeder kumme un uff de Gass de Freiheitsaff mache.

Würde man das Ganze irgendwo in Italien beobachten, ach Gott, wie schää det ma des finne, wie mediterran und locker un südländisch ... „Haja, die hawwe's halt druff, des mit der Lewensluschd. Bei uns Kehrwoch – un dort: Open-Air-Ristorante". Un jetz is bei uns in HD un MA uff de Neckarwies am Wochenend im Summer Werschdel-Fress al fresco. Eigentlich passt des doch genau zu unserer Wunschvorstellung, dass die Kur/Pälzer annerschd sin wie die annere Deutsche, dass sie südländisch sin, dass'e druff sin wie's Dolsche Vitta, awwer hefdisch un dewedder, capisce hombre, eviva Palatina un so ...

Natürlich gibt's derartige öffentliche Massengrill-Wettbewerbe („Mein Grill is neblischer wie doiner!" – „Ha! Do defür stinkt meiner besser!") auch an anderen deutschen Flussufern, von Holzkohle-Smog-Orgien wie im Berliner Tiergarten ganz zu schweigen. Aber bei uns isses was anneres. Bei uns ist es die Rückeroberung des Flussufers!

In Heidelberg war das immer schon so. Da gehört der Neckar halt zur Folklore. Händchen haltende Studenten müssen sich auf der Wiese tummeln, sonst gäb's in Heidelberg keinen Studentenkuss zu kaufen. Und wenn keine da sind, dann schickt das städtische Tourismusbüro wahrscheinlich ein paar exmatrikulierte Statisten hin – weil am Flussufer müsse Leut Lebenslust demonstrieren, damit die Touris was zu fotografieren haben.

Aber in Mannheims Neckarstadt?! Gut, ich geb zu, ich wohn jetz net in der Dammstraße, wo die Leut sich an manchen Samstagabenden die Fenschderritze mit Klebeband zubabbe misse, damit se net e Rauchvergiftung zur abendlichen Fernsehzeit kriegen („Wetten dass ..?" ich nur durch das Einatmen verschiedener Grilldampfschwaden zum Vegetarier werden kann!).

Guck aber mal auf die anner Seit vom Rhein, zu der schönen, von allen bewunderten Schwesterstadt auf der pfälzischen Seite, dem holden Ludwigshafen. Da baut man extra Einkaufszentren und Betontreppen und eröffnet Cafés und Cocktailbars, nur damit man die Menschen wieder näher an den Fluss bringt. In Mannheim passiert das einfach so ... Und schon werdd gemotzt.

Ja, die Kurpälzer, wenn'se halt nur net so viel grille dete un net so viel saufe un net so viel babbeln un krakele un net so viel singe un net so viel ... äh ... lewe halt. Dann wär Ruh, un die Hunde hätten die Wies wieder für sich gonz alää.

erleben

genießen

Thermen & Badewelt Sinsheim

Karibik im Kraichgau

Das 34 Grad warme Wasser glitzert türkisfarben. Im hohen Glasdach spiegeln sich Lichtspots, die am Boden der Lagune 400 echte Palmen und 1.000 farbenprächtige Orchideen erstrahlen lassen. Und der Mojito lässt sich an der Poolbar – die ihren Namen im wahrsten Sinne des Wortes verdient, weil der Gast bis zum Bauchnabel im Nass weilt – entspannt genießen. Vor allem in den Abendstunden, wenn die untergehende Sonne das Lichter-Spiel verstärkt, die landschaftliche Umgebung in Dunkelheit taucht und die Konturen der mittelalterlichen Burg Steinsberg nur noch schemenhaft zu erahnen sind, ist das vom Gast sehnsuchtsvoll Erwartete am besten zu spüren: Urlaubsfeeling in Südseeambiente! Auch wenn man hier nirgendwo mit den Fußzehen in jungfräulich weißem Karibiksand wühlen kann: Die Thermen & Badewelt Sinsheim verleiht dem sonst so beschaulichen Kraichgau mit einigen Besonderheiten einen echten Hauch Exotik. Wer vergisst nicht Zeit und Ort, wenn er in der (nach dem Guinnessbuch der Rekorde) weltweit größten Koi-Sauna (166 Quadratmeter mit Platz für bis zu 150 Gäste) bei 70 Grad Celcius mit den Augen die riesigen japanischen Edel-Karpfen im Panorama-Aquarium verfolgt? Aber auch die anderen acht Themenbereiche, vom rustikalen Holzstadl über die Wüsten- und Tropensauna bis hin zur „Kino"-Sauna und dem orientalischen Schwitzgemach Alhambra, sind außergewöhnliche Oasen der Ruhe und Entspannung. Und wem nach körperlicher Bewegung ist: Im 25-Meter-Becken nebenan lassen sich sportlich Bahnen ziehen.

Christian Roskowetz

Thermen & Badewelt Sinsheim
74889 Sinsheim
Badewelt 1
Fon 07261.4028-0
info@badewelt-sinsheim.de
www.badewelt-sinsheim.de
Öffnungszeiten:
Mo - Do 10 - 22 Uhr,
Fr 10 - 23 Uhr, Sa 9 - 24 Uhr,
So und Feiertage 9 - 22 Uhr.

Extras

Palmenparadies mit Außen-
und Gesundheitsbecken sowie
Saunabereich sind nur ab
16 Jahren zugänglich, für das
separate Schwimmbad gibt es
keine Altersbeschränkung.
Sa ist Familientag, dann ist
das Palmenparadies ohne
Altersbeschränkung geöffnet.

Schleusen auf dem Neckar

erleben

betrachten

entdecken

27 Mal auf und nieder

„Elise" ist ganz schön breit. Ihr Rumpf füllt die Kammer fast komplett aus. Keine Handbreit Platz scheint bis zur Wand zu bleiben. Genug jedoch, um das Binnenschiff zu schleusen. 27 Mal zwischen Plochingen und Mannheim, denn nur so können die 160 Meter Höhenunterschied überwunden werden. Für die vielen Freizeitkanuten sind die Staustufen jedoch mitunter lästig. Denn ein Kanu ist kein Schiff, ja nicht einmal ein Motorboot, das früher oder später geschleust werden muss. Ein Kanu lässt sich tragen und je nach Schiffsverkehr muss man auf diese Alternative ausweichen. Doch selbst mit den Bootsschleppen ist das Hochhieven und Ablassen eine ganz schöne Plackerei. Wenn man aber, nach freundlicher telefonischer Anfrage, beim Schleusenwärter die Erlaubnis zum Schleusen erhält, ist die Mühe davor und danach sofort vergessen. Das Abenteuer beginnt direkt hinter dem Haltezeichen! Kräftig zieht man dann sein Paddel durchs Wasser, um zügig in die Schleusenkammer zu fahren. Schließlich werden Kleinboote stets gemeinsam mit anderen Wasserfahrzeugen geschleust. Oberste Regel: konzentriert und ruhig bleiben und die Halteleinen bloß nicht an der falschen Stelle festbinden. Im Vergleich mit „Elise" kommt man sich jetzt geradezu winzig vor. Doch an jeder Staustufe beobachten Kinder neugierig, wie das Wasser in den Schleusenkammern im Rhythmus steigt und sinkt. Und ihre staunenden Blicke scheinen keinen Unterschied zwischen Schiffen, Sportyachten oder Kanus zu machen. Es ist das Prinzip, das fasziniert.

Ute Günther

Wasser- und Schifffahrtsamt
Heidelberg
Fon 06221.5070
www.wsa-hd.wsv.de
www.elwis.de

Extras

Für die Schifffahrtsstraße Neckar gelten bestimmte Verkehrs- und Rechtsvorschriften. Mehr Info unter www.elwis.de. Für Fluss-Neulinge bieten sich organisierte Kanutouren (gibt es auch für die Seitenflüsse) an.

betrachten

genießen

Strandleben am Rhein

Relaxen am Rhein

Palmen fächeln den Sommerwind zärtlich ins Gesicht. Nur ein leises Klirren der Eiswürfel im Mojito unterbricht das süße Nichtstun im Liegestuhl. Die Füße werden von feinem Sand umspielt, während die Gedanken schweifen. Dafür bedarf es noch nicht mal eines mehrstündigen Fluges zu den einschlägigen Strandzielen im Süden. Entlang des Rheins haben sich einige Strandbars etabliert, die Urlaubsfeeling unter Palmen direkt vor der Haustür bieten. Ob unter dem Schutz des Big Buddha im stylischen Mannheimer Playa del Ma, in eher familiärer Atmosphäre in Speyer oder mit formidablen 1.000 Quadratmetern Sandstrand an der Wormser Strandbar 443. Wie im Süden erlauben hier wechselnde Tagesangebote ein Abschalten im Strandkorb bereits in der Mittagspause. Chill-out-Beats und Live-Events läuten das Dolce Vita am Fluss bis in den späten Abend ein. In Worms kommen bei 15 verschiedenen Sorten auch Biertrinker auf ihre Kosten und am Wochenende wird ab 10 Uhr ein Strandfrühstück serviert. Bedingt dürfen sogar Vierbeiner mit in den Kurzurlaub. In Speyer und Mannheim an der Leine, in Worms in einem gekennzeichneten Außenbereich. Samstags wird in Mannheim und Worms abgefeiert. Fackeln, Windlichter und dezente Strahler tauchen die Hot-Spots am Rhein dann in atmosphärisches Licht, während DJs auf dem Plattenteller schwarzes Vinyl kreisen lassen. Dann gehen die Hände zum Nachthimmel bis die Wolken wieder lila sind oder ein kurpfälzischer Sommerregen die Gemüter erfrischt.

Sabine Demirci

Strandbar 443 Worms
An der Wormser
Strandpromenade
Fon 0176.68742554
www.strandbar443.de

Playa del Ma Mannheim
Industriestraße 35
Fon 0621.15403469
www.playadelma.de

Rheinstrand Speyer
Am neuen Rheinhafen 1
www.rheinstrand-speyer.de

Rheinfähre nach Altrip

erleben

entdecken

Ein Moment im Fluss

Lohnt es sich überhaupt, vom Motorrad abzusteigen? Während die Fähre ablegt, durchsuche ich in voller Schutzmontur auf dem Sozius meine Jacke nach passendem Kleingeld für die Überfahrt. Wie eine grüne Insel wirkt das Ufer auf der Altriper Seite. Und es erscheint so nah! Die Rheinfähre, die hier ganzjährig tagsüber viertelstündlich pendelt, verbindet optisch zwei Welten: Die Ablegestelle in Mannheim-Neckarau wird von Industriegebäuden wie dem Großkraftwerk überragt, während auf Altriper Seite die Blaue Adria mit ihren Sandstränden an den idyllischen Altrheinarmen lockt. Gemächlich und butterweich quert das Boot in sanftem Bogen den Strom bei Rheinabschnitt 418. Das sei genau die Mitte des Flusses, erzählt ein Autofahrer. Wieder was gelernt! Der Motor der Fähre brummt, die freundlichen Mitarbeiter kassieren den Fahrpreis und ich steige jetzt doch ab. Ich genieße den kurzen Moment im Fluss intensiv. Es hat fraglos etwas, im Grunde auf uralte Weise übergesetzt zu werden, wenn man von der modernen Technik des Schiffs einmal absieht. Und wer frei hat, nimmt auch die Wartezeiten locker. Den Berufsverkehr muss die Rheinfähre allerdings ebenfalls stemmen – ist es bis zur nächsten Brücke doch ein großer Umweg. Weil Brücken über große Ströme immer noch relativ rar sind, hat der Fährbetrieb die Zeiten überdauert. Zum Glück nicht nur am Rhein. Denn weil's so schön war, führt der nächste Zweirad-Ausflug nach Ladenburg – Neckarfähre inklusive. Dann werde ich an Bord aber sofort absteigen.

Gisela Huwig

Rheinfähre Altrip GmbH
67122 Altrip
Ludwigstraße 48
Fon 06236.39990
www.rheinfaehre-altrip.com

Weitere Fähren:
Leimersheim - Leopoldshafen
(Stromkilometer 373)
Schnelllastfähre „Peter Pan"
bis 120 Tonnen

Speyer - Rheinhausen (394)
Rheinhäuser Fähre „Neptun"

Autofähre Brühl - Kollerinsel
(410) „Kollerfähre"
(nur im Sommer)

Mannheim Friesenheimer Insel -
Mannheim-Sandhofen (431)
Altrheinfähre (nur im Sommer,
nicht immer in Betrieb)

betrachten   genießen   entdecken

Strandleben am Waidsee

Waidsee Strandbad
69469 Weinheim
Hammerweg 61
Fon 06201.53270
www.weinheim-marketing.de,
Rubrik Freizeitangebot im
Bereich Tourismus

Öffnungszeiten:
Ca. Mitte April - Mitte Sept,
täglich 12 - 19 Uhr (April),
10 - 19 Uhr (Mai und Sept),
10 - 20 Uhr (Juni - Aug, Mo - Fr)
und 9 - 20 Uhr (Juni - Aug, Sa,
So und Feiertage).

Extras:
Das Erlebnisbad „Miramar",
www.miramar.de, befindet sich
in direkter Nähe. Von dort aus
gibt es auch einen Zugang zum
Natursee mit FKK-Bereich.

Sonnenbad, Kinderlachen und Erdbeereis
Eine Glastür trennt zwei Welten. Vorne kringeln sich bunte Röhren in Hundertwasser-Manier. Palmen und tropische Wärme sorgen für Exotik, das Wellenbad für Spaß und die Raketen- und Reifenrutschen für Nervenkitzel. Dahinter dann Weite und Natur. Ein kleiner Sandstrand, Liegeterrassen und viel Platz zum Entspannen, während der Blick über den Waidsee schweift. Selbst im Hochsommer bleibt der Zugang zum kühlen Weinheimer Natursee für viele Besucher des „Miramar" verborgen. Von weit her fahren sie an, um das Erlebnisbad und die Saunalandschaft auszukosten. Einen Baggersee mit Schilf und Fischen findet man auch vor der eigenen Haustür. Sollen sie ruhig so denken! Dann suchen sie den Strandbad-Eingang, den die Naherholenden zwischen April und September nutzen, erst gar nicht. Entdecken nie, dass der See mit einer Wasserfläche von 24 Hektar und einer mittleren Tiefe von 15 Metern nicht nur zum Planschen genutzt wird. Sehen nicht, wie Schwimmer ungestört Bahnen ziehen, und wo sich Taucher, Surfer, Segler und Fischer am, auf und im Wasser tummeln. Hier wechseln sich abgeschiedene Plätze ab mit Liegeflächen, auf denen das bunte Treiben die nahe Autobahn locker übertönt. Doch ohne ihren Bau hätte es den See nie gegeben. Und so lässt man sich davon auch die Ruhe beim Winterspaziergang am Ufer nicht nehmen, sondern hört dem himmelblauen Ruderboot, das dort im braunen Matsch liegt, zu: Es erzählt von Sonne, Kinderlachen und Erdbeereis. Einer Welt, die mit den ersten sommerlichen Tagen wieder offensteht.

Ute Günther

Pfad der Flussgeschichte in Eberbach

erfahren

entdecken

Der Neckar formt die Landschaft

Wie ist der Mensch angesichts der gewaltigen Kräfte, die der Erde Antlitz schaffen, doch so klein. Das ist nicht nur bei fernen Vulkanen oder Meeresküsten spürbar, sondern auch direkt vor der Haustür. Wie zum Beispiel ein Fluss über Jahrmillionen einen Landstrich formt, ist eindrucksvoll am Neckarbogen von Eberbach erfahrbar. Der „Pfad der Flussgeschichte" führt zu markanten Orten, die aufzeigen, mit welcher Macht die Natur hier am Werke war und ist. Mehrfach hat der Neckar sein Bett gewechselt, Umlaufberge und Schwemmflächen geschaffen. Da erscheinen die imposanten Hochwassermarken in der Altstadt nur noch als Beiwerk im erdgeschichtlichen Schauspiel. Doch natürlich geht der 2010 eröffnete Themenweg auch darauf ein und schildert die schlimmste Überschwemmung des Städtchens anno 1824. Die folgenden Lehrtafeln, in einem Landschaftsschutzgebiet oberhalb Eberbachs, erklären die wesentlich älteren Spuren, die der Neckar hinterlassen hat. Man erklimmt einen vom Wasser herausmodellierten Berg, läuft durch einen trockengefallenen Talboden und lernt, wie sich der Fluss tief ins Gestein genagt und einst sogar die Richtung gewechselt hat. Der romantische Neckar erscheint so in einem neuen Licht. Genießen kann man ihn hier aber auf jeden Fall – ob direkt am Ufer an der Eberbacher Altstadt oder von der felsigen Teufelskanzel, die einen fantastischen Blick übers steile Flusstal und die Rockenauer Staustufe bietet.

Tobias Grauheding

Eberbacher Pfad
der Flussgeschichte
69412 Eberbach
Touristinfo Eberbach
Leopoldsplatz 1
Fon 06271.87242
tourismus@eberbach.de

Extras

Startpunkt am Thalheim'schen Haus beim Pulverturm (Kellereistraße 36), in dem das Zentrum des Naturparks Neckartal-Odenwald untergebracht ist. Der etwa zehn Kilometer lange Pfad verläuft, immer einem „F" folgend (als Messingschild im Boden und als Plakette auf Schildern), durch die Eberbacher Altstadt, teilt sich ein Stück des Weges mit dem „Neckarsteig" und führt durch Laubwald bergauf zum Breitenstein und Schollerbuckel.

Rheinterrassen und Strandbad Mannheim

Mit Blick auf Vater Rhein mitten in der Natur kulinarische Köstlichkeiten genießen – in Mannheim ist dies unter anderem im Restaurant Rheinterrassen oder im Strandbad möglich.

Rheinterrassen –
Gasthaus am Fluss
68163 Mannheim
Rheinpromenade 15
Fon 0621.8335017
service@rheinterrassen.info
www.rheinterrassen.info

Öffnungszeiten:
Mo - Sa 11.30 - 1 Uhr, Sonn- und Feiertage 9.30 - 1 Uhr; Warme Küche 11.30 - 23 Uhr; an Sonn- und Feiertagen Frühstücksbuffet 9.30 - 14 Uhr.

Strandbad
Mannheim-Neckarau
68199 Mannheim
Strandbadweg 1
Fon 0621.80396598
info@strandbad-mannheim. com
www.strandbad-mannheim. com

Öffnungszeiten:
Ab 9. März 2014:
Mo - Sa 9 - ca. 24 Uhr,
So 10 - ca. 22 Uhr.

Neckarwiese Heidelberg

Es ist nur ein schmaler grüner Streifen entlang des Neckars, aber für viele Heidelberger der ideale Ort, um mal die Seele baumeln zu lassen. Die Neckarwiese zwischen Theodor-Heuss-Brücke und Ernst-Walz-Brücke ist beliebt bei Familien, Sportbegeisterten, Picknick-Anhängern und Grill-Freunden. Kinder können sich unter anderem auf dem Wasserspielplatz austoben.

69120 Heidelberg
Uferstraße

Salzwasser-Freibad bei Grasellenbach

Das Hotel Siegfriedbrunnen hat von Mai bis September etwas ganz Besonderes zu bieten: Im Außenbereich sorgt ein beheizter Meerwasser-Pool und eine große Liegewiese für südliche Urlaubsatmosphäre – nicht nur für die Hotelgäste.

Landhotel Siegfriedbrunnen
64689 Grasellenbach
Hammelbacher Straße 7
Fon 06207.6080
reservierung@siegfried-brunnen.com
www.siegfriedbrunnen.com

Öffnungszeiten:
Mo - So 7 - 19 Uhr.

Miramar Weinheim

Der „Grüne Hai" und der „Blaue Wal" haben Konkurrenz bekommen: Drei neue Rutschen sorgen im Miramar für Nervenkitzel. Im 170 Meter langen „Loop" geht es zwischenzeitlich im freien Fall nach unten. Mit der Trichterrutsche „Splash" versprechen die Betreiber sogar eine absolute Weltneuheit. Noch etwas rasanter soll die Rutsche „Race" sein, die auf 133 Metern Formel-1-Feeling vermitteln soll.

69469 Weinheim
Waidallee 100
Fon 06201.60000
info@miramar-bad.de
www.miramar-bad.de

Öffnungszeiten:
Mo - Do 9.30 - 22 Uhr,
Fr 9.30 - 24 Uhr,
Sa 9 - 24 Uhr,
So und Feiertage (Mo - Do)
9 - 22 Uhr, Feiertage
(Fr oder Sa) 9 - 24 Uhr.

Stollenwörthweiher Mannheim

Rund 600 Meter lang und etwa 150 Meter breit ist der Stollenwörthweiher im Süden von Mannheim. Platz genug, um daraus gleich zwei öffentliche Freibäder zu machen. Das Heinz-Hunsinger-Sommerbad wird vom Volkstümlichen Wassersportverein betrieben und bietet unter anderem neben einem abgetrennten FKK-Bereich rund 25.000 Quadratmeter Liegefläche. Der Schwimmverein Mannheim kümmert sich um das Wohl der Gäste im Sommerbad am Stollenwörthweiher und betreibt zusätzlich ein beheiztes Kinderbecken.

Heinz-Hunsinger-Sommerbad
68199 Mannheim
Rheingoldstraße 204
Fon 0621.852414
www.vwm-wassersport.de

Öffnungszeiten:
Mitte Mai - Anfang Sept 10 - 20 Uhr (witterungsabhängig).

Sommerbad
am Stollenwörthweiher
68199 Mannheim
Promenadenweg 4
Fon 0621.811944
www.stollenwörthweiher.de

Öffnungszeiten:
Anfang Mai - Ende Sept 9 - 21 Uhr (witterungsabhängig).

Neckarschifffahrt

Dass Seefahrten lustig sein können, lässt sich anhand eines bekannten Volksliedes belegen. Aber auch ein Ausflug auf dem Neckar hat einiges zu bieten – romantische Städte, idyllische Natur und viel Entspannung. Linien-, Rund- und Sonderfahrten entlang des Flusses gibt es bei verschiedenen Anbietern. Zusteigen kann man unter anderem in Mannheim, Heidelberg oder Stuttgart.

Lieblingsplatz:
Im Ried

Schää, bunt, flach un freie Fahrt bis Lamperte, Bürstadt, Biblis, Lorsch ... Eben noch Industrie und Großstadt und IKEA-Hype und Autobahnknoten, un uff emol: die Weite des südhessischen Acker-Universums. Es ist ein besonderes Stückel Land, das die arroganten Städter immer wieder gern mit liebevoll gemeinten (?) Provinz-Schmähungen runtermachen, das aber in Wirklichkeit ein Freiluft-theater der besonderen Art ist. Do steigt de Chako gern aus und freut sich an den Kontrasten seiner High-mat. Comedyantsiche Recherche-Möglichkeiten: keine (außer de Bauer det kumme un frooge, was du in seim Acker machschd). Aussicht: das volle Kur/Palz-Königreich, rechts der Odenwald, links am Horiziont die pälzische Haardt – un du mittedrin im Ried zwische Staude un Staune .

Uffgebloosene Barock-Backe un anneres Gemäuer

Natürlich gibt es überall in Deutschland Burgen und Schlösser. Und nicht gerade wenig davon. Jede Region wird von sich behaupten, dass gerade hier (oder: dort) besonders viele historische Gebäude von besonderer Bedeutung zu bestaunen sind. Und natürlich wird auch überall behauptet werden, dass nur dort (oder: hier oder wo jetzat?!) wirklich ganz besonders und ganz speziell ... aber so was von ... Also zammegfasst: Es ist nix Besonderes, wenn sich eine Region ihrer hysterischen Bauwerke rühmt, die so einzigartig sind. Nur, die annere prahlen halt damit un bei uns in de Kurpalz stimmt's halt äfach.

Weinheim ist die Zweiburgenstadt (Windeck und Wachenburg), Neckarsteinach gar die Vierburgenstadt (Vorderburg, Mittelburg, Hinterburg, Schadeck). Und am Rand des Odewalds, wie an einer Perlenkette aufgereiht, stehen noch

Schlösser und Burgen

mehr Burgen, stolz säumend die Bergstraße. Sie bewachen Ortschaften und kleine Steillagen von Wein und Wanderwegen, beherbergen Gastwirtschaften und Touristen und Eingeborene auf außergewärtigen Verwandtschaftsbesuch-Touren. So wie man sich das halt in Reiseführern vorstellt.

Gut, so mancher Ketzer wird vielleicht einwenden, dass es weiter nördlich den Rhein hinab zwischen Bingen und Koblenz sehr viel spektakulärer zugeht, was die Burgen-Ansicht und Burgen-Dichte angeht. Aber das ist die reine optische Täuschung, liegt es doch ganz einfach daran, dass unser Teil vom Rheintal halt net so eng un zammegstaucht is wie der weiter owwe. Deshalb sieht es auf den ersten Blick vielleicht net ganz so dramatisch-heftig aus. Dafür aber hat die Weite ihren eigenen Reiz. Bei uns ist halt net nur die Landschaft, sondern alles e bissel breiter: die Topographie, de Horizont, die Ranze vun de Eingeborene und ihr Sprooooooch. Des Tal bei uns is so breed wie die Erwiderung des Kurpfälzers, wenn er hört, dass der Rhein woanders noch viel schöner sein soll:

„Joooo allaaaa!" Denn do bei uns ist das Tal so weit wie ein Graben, der Tiefebene genannt wird, gesäumt von zwei Bergketten, denen man entgegengehen und auf die man zufahren will, um ihnen wirklich zu begegnen. Und je näher man kommt, desto spektakulärer werdd's: sanft geschwungene Hügel, Wein, Wald, Steinbruch, Obstplantagen und obenauf des alte Gemäuer.

Es strahlt die Burg …

Es gehört mit zu den schönsten Erlebnissen, die man als Kur/Pälzer Lokalpatri(di)ot haben kann, an einem klaren, sonnigen Tag auf die Strahlenburg oberhalb von Schriesheim zu fahren. Schon der Weg dorthin, durch die engen Gassen Schriesheims, einbahnstraßig gelenkt, vorbei an klääne abgewetzte Häuselscher, die gar net glauben können, was ihnen hier im 21. Jahrhundert mit dem Verkehr der Blechkutschen alles widerfahren und dagegen (dewedder!) fahre muss, bis des halbe Dach abfallt. Hinein in den Odenwald, und dann rechts de Buckel nuff un wieder zurück Richtung Bergstraße. Dann durchs Burgtor und sich niederlassen auf der Terrasse mit dem schönsten Blick hinab ins Reich der Metropolitaner, wie es da liegt, so breet un long un dampfend un durschdisch un virbrierend und groovend und brodelnd. Man könnt grad meinen, man hört die Zusammenfassung des geschäfdische Kurpalz-Gebabbels der Tiefebene bis gonz nuff uff die Burg.

Es ist eine Zeitreise in doppelter Hinsicht. Da unten das alte kurpfälzische Land, vom Odenwald bis zur Haardt, mit Schlössern und Königswegen und Klöstern und Erfindungen, die die Welt beweg(t)en (sprichwörtlich!), die Tiefebene mit ihren Werken und Fabriken und Kraftwerken und Industrieanlagen. Und hier oben: die alte Burg mit einer Gaststätte, die dermaßen – wie det ma heit saache? – retro ist, dass es schon wieder so abgefahren wirkt, als würde man im Jahr

2032 eine Eventgastronomie-Kultstätte besuchen. *Bäck tu se Fjudscha.* Zurück in die gute alte Zeit, in die „Auf der Terrasse nur Kännchen"-Periode der Service-Evolution: Plastikstühle, weiße Schürzchen, auf der Karte Strammes und kohlenhydratig Bürgerliches. Hier muss man Zeit mitbringen – ob man will oder net. Weil wer hier draußen sitzt und neben Old-School-Plastiklaternen die Aussicht genießt, der wird sich automatisch tiefenentspannen müssen. Dorschd? – Was'n des? Service? – Mach dich locker. Guck dich um wie schää! Genuss fer uffs Aag – des longt erschdermol. Wer hier hochkommt bei gutem Wetter, sollte aber auf keinen Fall versäumen, vor lauter „fer umme un drauße" auch mal hineinzugehen in das Museum der Retro-Gastro-Scene. Hier atmet die Geschichte immer noch und ständig aus. Einmal tief einschnaufe un schon kriechen dir Jahrzehnte gutbürgerlicher deutscher Gastro-Kuldur in die Nas. Und wenn du jetzt noch der Dame hinter der Theke höflich andeutest, dass du seit einer halben Stunde draußen sitzt und du Durst hast und du gerne direkt bei ihr bestellen willst – dann kriggschd du aa noch e schäni batzische Antwort, die das hysterische Burgerlebnis perfekt machen: „Oh so lang hawwe Se jetz aa noch net gewaarde. Grad wollt isch kumme!" – Na donn!

Kaputt ist romantisch

Aber nicht nur die Bergstraßen-Burgen säumen dieses herrliche Land. Überall verstreut liegen sie, die Zeugnisse ehemaliger Kurpfälzer Großartigkeit, uffgebloosene barocke Backe üwwerall. Das Heidelberger Schloss! Über jeden Zweifel erhaben, das wohl am meisten gefeiertste und besuchteste hysterische Bauwerk üwwerhaupt, awwer uff jeden Fall! Grad weil's so schön kaputt is. Was mir den Franzosen zu verdanken haben. So lief die Gschischt: Mir ham die dauernd beschwichtigt un beruhischt. Mir ham denne unser schönstes

Altes Gemäuer, wo de hieguckschd.

Mädel hergschenkt, wo mer ghabt ham, die Liselote von der Palz, verheiratet mi'm Bruder vom vierzehnte Ludwig. Und die Franzose? Ham gemerkt, dass die Liselotte jetz vielleicht doch net grad die allerschönnschde von unsere Mädels war und sin donn logischerweis über uns hergfalle. Und ham dabei das schöne Heidelberger Schloss noch schöner gemacht, indem se's kaputt gemacht ham. Wahrscheinlich wär des Schloss longweilisch un normal, wenn die erbfolge-kriegende Nachbarn net kumme wärn un des Ding hie gemacht hätte. Allein der fette Pulverturm, so schää versunke in den Dornen und den Ranken und Blättern, hingesunken vor dem heißen Atem der Geschichte. Wenn der Turm noch stehe det, wär'er rund un ferddisch. So aber, wie er jetz is, verbindet sich der Odem der europäischen Geschichte mit dem Jetzt der Digitalkameras und Smartphones von Japanern oder Yankees, die auf der „Europe in two and a half days"-Tour in Heidelberg ihre SD-Karte vollknipsen. *So romantic! What a pity there is no beerseidel on the tower and no kuckucks-clock in the picture.* Ja, hier wurde die Romantik erfunden und nirgendwo annerschder. Weil nur wenn ebbes so rischdisch schää kaputt is, dann isses aa romantisch.

Wohl jeder Kurpfälzer kann sich unzählige Ausflüge ins Gedächtnis rufen, die er mit den Eltern hierher gemacht hat. Kein Besuch aus Norddeutschland, keine Omma aus Berlin und kein Onkel aus Ostfriesland, die sich hier nicht gern den Berg hinaufschleifen ließen, um vor dem in die Knie gegangenen Pulverturm zu posieren („Lächeln!"), im Keller übers große Fass zu steigen und dem großen Durst von Perkeo, dem historischen kurfürstlichen Weinverkoster, zu huldigen („Hecheln!"). Und die dann draußen, auf der Terrasse über der Heidelberger Altstadt mit Blick auf den Philosophenweg gegenüber („Fächeln!"), viel osifische Ansichten loswerden über Herzen, die verloren gehen und Schrittmacher, die deshalb auch nichts mehr nützen – so herrlich ist das hier. Oder es wird sinniert über Dichter und Denker und alte akademische Herrlichkeiten, Studenten, die zu Prinzen, und ihre Küsse, die zu Schokoladenkugeln werden. Schließlich ist der „Heidelberger Studentenkuss" noch älter wie'm Mozart sei Salzburger Kuggel – und besser schmecke dut er aa noch. Des is zwar Gschmacksach, aber schließlich is des Buch do en lokalpatriodische Reiseführer un ke Neutralseife-Werbung, gell?! Alla.

Doch der Königstuhl, dieser wundersame Hügel über Heidelberg, hat noch mehr als nur das Schloss zu bieten. Eine Zahnradbahn, eine Falknerei namens „Tinnunculus", die Landessternwarte und das Max-Planck-Institut für Astronomie. Und als Gipfel der Attraktionen, eine feste Institution für den klassischen Kurpfälzer Familien-Sonntagsausflug: das Märchenparadies. Man sollte meinen, dass im Zeitalter der Videospiele und X-Boxen kein Platz mehr wäre für diese

Art von Retro-Kids-Entertainment. Aber Kinder staunen gern. Und sei es nur über ihre Eltern, die auf einmal mit einem Dauerlächeln vor den Schaukästen stehen.

En Wescher vun Schloss

Wenn die wellness-pälzische Fürste gewusst hätten, was später aus ihrem ersten Schloss für eine Weltberühmtheit wird – vielleicht wärn die nie nach Mannheim umgezogen. Aber das ist heute bei Politikern und Bischöfen auch so: Warum soll ma spare, wenn's die annere Leut doch zahle. Also werdd geklotzt! Heut sind's Bahnhöfe, Flughäfen und Philharmonie-Paläste. Damals warn's Schlösser. Carl Philipp hat angefangen zu bauen. Also bauen lassen. Er selbst hot sisch sei Strumphosse un Schnalleschuh-High Heels wohl kaum dreckisch gemacht. Und sein Nachfolger, de Theos Karl, hat weitergemacht. Insgesamt 40 Jahre hat's gedauert, bis das zweitgrößte Barockschloss Europas fertig war: 400 Meter lang, mit einer umbauten Fläche von sechs Hektar und sogar mit mehr Fenster wie Versailles. Was en Wescher von Schloss. Und fer was des alles?!

Dass de Karl Theodor nur e paar Jahr später nach München umzieht. Net, dass er en schlechter Fürst gewese wär. Ganz im Gegenteil: Für seine Zeit war des en richtig Uffgeklärte mit Wissenschaft und Sternwarte und Naturalienkabinett. Der war sogar so klug, dass er, nachdem der Blitz in seinen Marstall eingeschlagen hatte, sogar extra einen Blitzableiter entwickeln ließ – von einem Jesuitenpater namens Hemmer in einem eigens geschaffenen physikalischen Kabinett im Schloss.

In demselben Schloss, welches dann im Zweiten Weltkrieg so arg zerstört wurde, dass man danach nur noch Studenten und (K)Akademiker hineinlassen konnte. Ab 1959 rockt die Mannheimer Universität den Barockbau. Berühmte und weniger berühmte Köpfe haben hier geforscht, geschnarcht und übers Mensaessen gemotzt. Darunter auch der Schreiber dieser Zeilen. De Chako hat sich hier seine akademischen Vorstrafen erworben. Sogar ein Doktortitel war dabei – ohne abzuschreiben (damals nannte man das noch „Fußnoten- und Anmerkungsapparat"). Und hierselbst hat er auch seinen ersten Auftritt gehabt: im Arkadentheater direkt neben der Schlosskirche. Also streng genomme is de Kurfürscht Schuld, dass de Chako Doktor un Spaßbabbler geworden ist. Was e Ding! Wie heißt's so schön: *Gehe nicht zum Fürscht, wenn du nischd gerufen wirscht!* Aber was will man schon machen gegen den Wind des Schicksals, wenn'er so hefdisch bläst, weeschwieschmään?!

Weltkultur erben

Und um das Triumvirat der großartigen Barockschlösser voll zu machen, kommt noch Schwetzingen dazu. Die Wellness-Fürste würden nicht aus der Kur(!)-Pfalz stammen, wenn sie nicht ihrem Namen alle Ehre gemacht und sich so nebenbei noch ein kleines Lustschloss gegönnt hätten. Deklariert wurde das Ganze damals als Sommerresidenz und Jagdschloss. Pure Dekadenz könnt man meinen – aber bei den armen Absolutisten damals gab's halt noch keinen Holiday Park. Also haben sie sich eine Frühform davon bauen lassen müssen. Der Garten als „Zusammenspiel von barockem Lustgarten und englischem Landschaftsgarten" ist eine Ansammlung von exotischen Attraktionen, Irrgärten, Springbrunnen, Wasserarme, Marmorbeine, wasserspuckende Hirsche, eine Moschee, ein See mit unverbautem Blick auf die andere Seite des Rheins bis hin zur pfälzschen Haardt und „Das Ende der Welt": eine gemalte Augentäuschung, die „… durch eine raffinierte Konstruktion erreicht (wird). Ein mit Halbedelsteinen, Muscheln und Malerei verzierter Pavillon besitzt in seiner dunklen

Barocker Chill-out.

Rückwand eine Öffnung. Hinter dieser steht eine leicht kon-
kave Wand, auf der in Freskotechnik ein Landschaftsbild auf-
gebracht ist. Der Blick wird so durch die Dunkelheit auf das
helle Bild gezogen. Besonderer Effekt: Wenn der Betrachter
den Standort wechselt, verändert sich auch der Ausblick in
die Landschaft." (www.schloss-schwetzingen.de).

    Was für eine unfassbar tolle Attraktion. Hier macht die
Kur- der Pfalz wirklich Ehre. Nur die UNESCO-Fritze meine
immer noch, dass das nicht weltkulturerbewürdig sein soll.
Wemma's net besser wüsst, könnt man meinen, die Jury dort
wär mit lauter missgünstigen Schwaben besetzt, die den Kurpfälzern das net gönnen wollen, dass sie ihrem Ludwigsburg
den Rang ablaufen könnten. Womit wir wieder am Anfang
wären mit den vielen Schlössern in Deutschland und den regionalen Besserwissern.

Sei's drum. Mir wisse auf jeden Fall, dass der Schwetzinger Schlossgarten der schönste Schlossgarten von, von ... von alle zusamme ist, also uff jeden Fall aber „einer der schönsten", definitiv. Do braucht kein UNESCO-Dackel zu kumme, um uns so was zu ver-leihe. Geliehe wolle mir sowieso nix. Zumal uns des alles schon gehört – mir sind die Erbe der Kultur, wo sellemols de Kurfürschd kultiviert hot. So gsehe sin mir wandelndes Kulturerbe. Und wenn Schwetzingen irgendwann dann doch die Urkunde bekommt und ein Schild an der Autobahn aufstellen darf, dann wern mir net jubeln und dankbar hechel-hechel machen. Nix, nix! Dann werden wir ganz selbstbewusst-los unsern Schädel schief lege un saache: „Alla, es geht doch. Warum donn net glei so!"

Ja, Superlative brauchen die Menschen in dieser Region, schon allein, um sich immer wieder ihrer Einzigartigkeit zu vergewissern: die Beschde, die Schännschde, die Gröögschde, die Dollschde zu sein – zumindeschd so lang, bis so en Wikipedianer kummt un des Gegedeil beweise det.

erleben   entdecken

Schloss Heidelberg
Schlosskasse
69117 Heidelberg
Schlosshof 1
Fon 06221.538472
info@schloss-heidelberg.de
www.schloss-heidelberg.de

Die Innenräume sind nur im
Rahmen einer Führung zu
besichtigen. Täglich 8 - 18 Uhr,
Einlass bis 17.30 Uhr.
Apothekenmuseum: Nov - März
nur bis 17.30 Uhr.
Besichtigung der Romantik-
und Mittelalterausstellung nur
mit Sonderführung möglich.

Extras
Sonderführungen zu be-
stimmten Themenkomplexen;
Programminfo und Anmel-
dung: Fon 06221.658880
service@schloss-heidelberg.com

Romantik in der Abendsonne

Das, wofür das Heidelberger Schloss seit 200 Jahren so berühmt ist, findet der Besucher gewiss nicht mehr: Romantik. Keine dicken Wurzeln überwuchern die alten Mauern,
Scharen vornehmlich fernöstlicher Touristen halten zu den
meisten Stunden des Tages die stattlichen Überreste der
in Jahrhunderten gewachsenen Residenz der Pfalzgrafen
bei Rhein und pfälzischen Kurfürsten in Besitz, die 1693
im pfälzischen Erbfolgekrieg von französischen Festungs-
ingenieuren systematisch gesprengt wurde. Aus dieser
barbarischen Verfahrensweise resultiert das für Kinder un-
vergessliche Phänomen, dass der Pulverturm mit seinen
massiven Mauern in der Mitte durchgerissen und zur Hälfte
den Hang hinabgerutscht ist, sodass die stehengebliebene
Hälfte wie aufgeschnitten aussieht. Architekturliebhaber
freuen sich über zwei seltene Prachtfassaden der deutschen
Renaissance, den Ottheinrichsbau (um 1559) und den
Friedrichbau (ab 1601), die eigenartig anmuten. Keine
Spur von der ausgewogenen Ruhe, den harmonischen Pro-
portionen der italienischen Renaissance: Die Palastfassaden
sind mit Zierrat bedeckt, der sich gegenseitig bedrängt, so
als hätte man sich gefürchtet, nur ein Fitzelchen Mauer
ungeschmückt zu lassen. Im Grunde sind hier der gewohnten, steil nach oben strebenden gotischen Hausstruktur
einfach nur neumodische Ornamente angeklebt worden.
Die Wirkung ist höchst malerisch, besonders wenn der rote
Sandstein des Ottheinrichsbaus in der Abendsonne vor
dem durch die leeren Fensterhöhlen leuchtenden blauen
Himmel glüht.

Roland Happersberger

Schwetzinger Schlossgarten

genießen   erfahren

Auch wir in Arkadien

Mit seinen Wasserspielen, Statuen und künstlichen Ruinen, den klassizistischen Tempeln und der westöstlichen Moschee wirkt der Schwetzinger Schlossgarten auf den heutigen Betrachter wie ein Erlebnispark des 18. Jahrhunderts. Doch die Anlage, die zwischen 1750 und 1795 auf Wunsch des pfälzischen Kurfürsten Karl Theodor zum bereits vorhandenen Jagdschloss entstand, war mehr als eine Spielwiese für Rokoko-Flaneure. Der Garten hat ein Programm, man kann ihn „lesen". Dazu beginnt man die Betrachtung am besten mit dem „Ende der Welt", keiner apokalyptischen Schreckensvision, sondern anmutigste Utopie, perspektivisch raffiniert in Szene gesetzt: Nach einem schattig belaubten Gittertunnel erstrahlt, scheinbar in weiter Ferne, eine sanfte Flusslandschaft, wobei sich der hübsche Ausblick illusionistischer Freskomalerei verdankt. Eine ideale Natur sollte der Garten sein, denn auch Karl Theodor träumte den Traum seiner Epoche vom antiken Paradies Arkadien. Dessen Patron, der bocksbeinige Hirtengott Pan, thront in Schwetzingen versteckt in einem der Heckenwäldchen, auf künstlichem Felsen die nach ihm benannte Flöte blasend. Der Mannheimer Hofbildhauer Peter Simon Lamine schuf dieses plastische Sinnbild, das besonders markant das musische Moment mit dem idyllischen verknüpft. Arkadische, also ländlich-liebliche Sujets bestimmten entsprechend auch den Spielplan des schlosseigenen Rokokotheaters, das 1753 mit einer Pastoraloper Ignaz Holzbauers eröffnet wurde. Ihr Titel: „Der Sohn des Waldes".

Kai Scharffenberger

Schloss und Schlossgarten
Schwetzingen
68723 Schwetzingen
Service-Center: Fon 06221.658880
www.schloss-schwetzingen.de

Öffnungszeiten Schlossgarten:
Sommerzeit täglich 9 - 20 Uhr,
Winterzeit täglich 9 - 17 Uhr.
Die Innenräume des Schlosses
sind nur im Rahmen einer
Führung zu besichtigen.

Extras

Das Rokokotheater und die
Zirkelbauten sind Schauplätze
der Schwetzinger SWR-Festspiele (jedes Jahr Ende April
bis Anfang Juni), des Mozartsommers des Nationaltheaters
Mannheim (alle zwei Jahre),
des Schwetzinger Mozartfests
(Herbst) und des Barockfests
„Winter in Schwetzingen".

betrachten   entdecken

Burg Guttenberg am Neckar

Burg Guttenberg am Neckar
74855 Haßmersheim-
Neckarmühlbach
Burgstraße 8
Fon 06266.388
www.burg-guttenberg.de
www.deutsche-greifenwarte.de

Öffnungszeiten
des Burgmuseums:
April - Okt täglich 10 - 18 Uhr.

Öffnungszeiten
der Deutschen Greifenwarte:
April - Okt täglich 9 - 18 Uhr
(Flugvorführungen
11 und 15 Uhr),
März und Nov täglich
12 - 17 Uhr (Flugvorführung
um 15 Uhr).

Eine Burg wie aus dem Bilderbuch

Raubritter gibt es hier keine. Dafür aber jede Menge Raub-
vögel. Adler, Bussarde und Falken hausen sehr pittoresk
zwischen Schildmauer und Zwinger, dazu gesellen sich
Uhus, Käuze, Schnee- und Schleiereulen sowie Geier unterschiedlicher Größe und Herkunft: Seit 1970 residiert auf
Burg Guttenberg die Deutsche Greifenwarte, die ihre imposanten Schützlinge in Volieren zwischen den Burgmauern
präsentiert oder bei Flugvorführungen über den Köpfen
der Zuschauer kreisen lässt. Doch nicht nur die Greifenwarte macht Burg Guttenberg zum lohnenswerten Ausflugsziel, sondern auch die Tatsache, dass die über dem
Neckartal thronende Feste durch glücklichen Zufall und
diplomatisches Geschick ihrer Besitzer nie zerstört wurde.
Infolgedessen wirkt Guttenberg wie eine Burg aus dem
Bilderbuch. Zumal die Herren von Gemmingen, denen die
Burg seit 1449 gehört, im Lauf der Zeit zwar manches der
jeweiligen architektonischen Mode anpassten, die mittelalterliche Grundstruktur der Festung aber nicht veränderten. So lässt zum Beispiel der viereckige, an der massiven
Schildmauer klebende Bergfried trotz seiner barocken
Balustrade noch gut die stauferzeitlichen Ursprünge der
Burg erkennen, die in der ersten Hälfte des 13. Jahrhunderts
vom Bistum Worms erbaut wurde. Wertvolles und Kurioses
aus Guttenbergs langer Geschichte zeigt das in einem
Wohngebäude der Kernburg installierte Museum. Besonders
schön: der spätgotische Schnitzaltar mit goldglänzender
Schutzmantelmadonna, der ehedem in der Burgkapelle
aufgestellt war.

Kai Scharffenberger

Schloss Auerbach bei Bensheim

erleben

genießen

Rittermahl auf Schloss Auerbach

Von der Autobahn aus Mannheim kommend schon weithin zu sehen, ragt das im 13. Jahrhundert von Graf Diether IV. von Katzenelnbogen als Wehrburg erbaute Schloss Auerbach bei Bensheim stolz über die Landschaft. Hat man die steilen Serpentinen durch den Wald erst mal überwunden, wird schnell klar, wie schwer es damals für Angreifer gewesen sein musste, die mächtige Festung einzunehmen. Erst dem französischen Marschall Turenne gelang es 1674 während des Französisch-Niederländischen Krieges, dem Gemäuer und den darin Schutz suchenden Auerbachern übel mitzuspielen. Die Burg wurde weitgehend zerstört. Im 19. und 20. Jahrhundert nahmen sich die Großherzöge von Hessen und Rhein der Burganlage an und bauten sie wieder auf. Wir erklimmen die Gemäuer jedoch in friedlicher Absicht, denn Ritter Herold hat die Familie zum Festmahl geladen. Zur Unterhaltung der jungen Ritter und anmutigen Fräulein wurden Gaukler und Musikanten geladen. Ein junger Held soll sogar zum Ritter geschlagen werden. Doch zunächst wurde mächtig aufgetischt. Knusprige Hühnchen, rund 2.000 Flugstunden, lagen da fein gebraten auf dem Brett und wurden nach stärkendem Sud von Erdäpfeln und Wurzelgemüse mit Kartoffelschnitzen und Gemüse serviert – nicht jedoch bevor Herold die Giftprobe genommen hatte. Moderne Jungritter konnten sogar Ketchup und Cola ordern. Für die alten Recken wurden die Kannen gefüllt mit feinem Wein, Wasser und würzigem Bier. Und zarte Bande wurden an so manchem Tisch geknüpft …

Sabine Demirci

Schloss Auerbach GmbH
64625 Bensheim-Auerbach
Außerhalb 2
Fon 06251.72923
www.schloss-auerbach.de

Kartenvorverkauf Rittermahl
Fon 06251.72923
info@schloss-auerbach.de
www.rittermahle.eu

Extras
Rittermahle, Familien-Rittermahl,
Schloss Auerbach in Flammen,
Ritterturnier, Walpurgisnacht,
Halloween, Silvester.
Öffentliche Rittermahle: Jeden
Sa und auf Anfrage 19 - 22 Uhr;
Familien-Rittermahl:
Jeden So 12 - 14 Uhr.

Mannheimer Schloss

Einst residierten hier die Kurfürsten von der Pfalz, mittlerweile ist das Mannheimer Schloss längst in Studentenhand. Aber an dem historischen Ort wird nicht nur Wissen über Betriebswirtschaftslehre oder Literatur vermittelt. Ein Rundgang durch das Barockschloss gewährt Einblicke in den Pomp vergangener Tage.

68161 Mannheim
Bismarckstraße
Schloss Mittelbau
Fon 0621.2922891
service@schloss-mannheim.com
www.schloss-mannheim.de

Öffnungszeiten:
Di - So und Feiertage
10 - 17 Uhr; letzter Einlass um 16.30 Uhr.

Burgfeste Dilsberg

Trotzig reckt sich der von den Resten einer Ringmauer umgebene sechseckige Hauptturm auf dem Dilsberg in die Höhe. Von dort hat man eine herrliche Aussicht auf den Neckar und die Landschaft rund um Neckargemünd. Beim Bau der Burgfeste um 1150 wurde auch ein Burgbrunnen angelegt und rund 20 Meter in den Berg hineingetrieben. Bei einer zweiten Bauphase im 17. Jahrhundert erfolgte eine Vertiefung auf 46 Meter und ein Stollen wurde angelegt, der in den Sommermonaten besichtigt werden kann.

69151 Neckargemünd
Burghofweg 3a
Fon 06223.6154
armin-erles@burg-dilsberg.de
www.burgfeste-dilsberg.de

Öffnungszeiten:
1. April - 31. Okt: Di - So und Feiertage 10 - 17.30 Uhr (witterungsabhängig);
1. Nov - 31. März: nach Voranmeldung.

Vier-Burgen-Tour Neckarsteinach

In Neckarsteinach lässt sich Geschichte erwandern. Rund um die Stadt gibt es vier Burgen, die ihre Besucher in die Zeit des Mittelalters abtauchen lassen. Die Vorderburg existiert seit etwa 1142 und ist somit das älteste Gemäuer des Ensembles. Etwas weiter westlich wurde um 1200 die Mittelburg erbaut. Die Fertigstellung der Hinterburg erfolgte einige Jahre später. Auf einem Felssporn thront die Burg Schadeck, die um 1335 entstand. Aber nicht nur die Burgen sind sehenswert, auch der Ort selbst hat viele romantische Ecken zu bieten.

Infozentrum
69239 Neckarsteinach
Neckarstraße 47
Fon 06229.708914
geopark@neckarsteinach.de
www.neckarsteinach.de

Öffnungszeiten:
April - Okt täglich 11 - 18 Uhr; Nov, Dez und März Sa und So 11 - 18 Uhr; Jan und Feb geschlossen.

Weinheimer Burgen

Die größte Stadt im Rhein-Neckar-Kreis hat gleich zwei Wahrzeichen aus Stein. Von der im 12. Jahrhundert entstandenen Burg Windeck ist nur noch eine Ruine übrig. Der rund 28 Meter hohe Bergfried bietet eine schöne Sicht auf die Stadt, die Bergstraße und die Wachenburg. Das Gemäuer auf dem Wachenberg ist wesentlich jüngeren Datums und wurde von 1907 bis 1928 erbaut. Die Wachenburg dient dem Korporationsverband Weinheimer Senioren-Convent als Tagungsstätte, kann als Veranstaltungsort gemietet werden und bietet eine Burgschenke.

69469 Weinheim
Auf der Wachenburg
Fon 06201.846260
info@wachenburg.com
www.wachenburg.com

Öffnungszeiten Burgschenke:
Sommermonate: täglich
11 - 23 Uhr, So ab 10 Uhr;
28. Okt - Frühjahr:
Mo und Di Ruhetag,
Mi, Do und Fr 15 - 23 Uhr,
Sa und So 10 - 23 Uhr.

Strahlenburg Schriesheim

Der Startschuss für die Bauarbeiten fiel bereits 1235. Teile der Anlage haben die Jahrhunderte bis heute überdauert. Von dem Turm aus kann man bei gutem Wetter den Blick bis zum Pfälzerwald und zum Donnersberg schweifen lassen. Der Burg-Gasthof lädt zur Stärkung in historischem Ambiente ein.

69198 Schriesheim
Burgweg 32
Fon 06203.9574715
info@strahlenburg-schriesheim.de
www.strahlenburg-schriesheim.de

Öffnungszeiten:
März - Okt täglich ab 11 Uhr durchgehend geöffnet.

Burg Wildenberg bei Kirchzell

Wolfram von Eschenbach soll hier im 13. Jahrhundert an seinem Roman „Parzival" geschrieben und den Hallenkamin als literarische Vorlage für die Beschreibung der Gralsburg genutzt haben. Heute können im Odenwald noch die Überreste der Anlage besichtigt werden. Zu erreichen ist die Burg von Preunschen aus in rund 20 Minuten über einen Waldweg.

63931 Kirchzell
Hauptstraße 19
Fon 09373.97430
gemeinde@kirchzell.de
www.kirchzell.de

Egal wo, ob Alte Brücke, Schloss, Fußgängerzone oder
Neckarwiese – HD ist ein Lieblingsplatz voller Lieblingsplätze. Hier schwillt die lokalpatri(di)otische Kurpfälzer Brust vor Stolz: „Die große weite Welt bei uns
zu Gast"! Außergewärtige und Außengeländer müssen
Hunderte, Tausende von Kilometern reisen – un fer
uns is Highdelberg e Stückel High-mat, direkt vor der
Tür. Aussichten: weltberühmt, auf Millionen Postkarten
verewigt und auf Milliarden Speicherkarten digita-
lisiert. Und doch immer wieder schää zum Gugge.
Comedyantische Recherche-Möglichkeiten: unendlich,
internationalistisch, kotzmopolitisch. Nur die Radar-
schirm-Ohremuscheln ausfahre – un schunn geht's los!

Lieblingsplatz:
Schlossterrasse
Heidelberg

Grenzgebiete

Die Launen der Ge-chichte und ihre Grenzen

Die Geschichte, die in unseren schmalen Breitengraden immer auch gerne hyper-korrekt „Ge-chichte" ausgesprochen wird, hat es so gewollt: Mir, die wo do wohne in diesem gesegneten Flussdelta mit seine Berge un Hügel, Wasserarme un Gelerieweäcker, Weinreben un Äppelbääm, Fabrike un Strandbäder, Weltfirme un Waldparkplätz – mir sin aa immer irgendwo und irgendwie getrennt vonenanner.

Des liegt an dem viele Wasser, was do fließt, und an den Grenzen, die sich durch unseren Strich von Land ziehen oder ham ziehen lassen. Seit de Kurfürst Karl Theo de Abgang gemacht hat nach München, spätestens aber seit dem Wiener Kongress 1815, war es aus und vorbei mit der wundersamen Herrlichkeit des flussübergreifenden Reiches der Kurpfalz. Auf einmal war der Rhein nicht mehr nur der Bappe aller Wasseradern, sondern Grenze zwischen Ländern, König-

reichen und dergleichen. Nur 200 Jahre später sind sich die Bewohner links und rechts des Flusses zwar noch irgendwie ähnlich und sprachlich auf jeden Fall verwandt – aber sonst zeigen sie gerne verächtlich gegenseitig mit Fingern auf sich und Autonummern, die von woanders her sind – und sei es nur drei Kilometer weiter, egal. HD – Halb-Depp, MA – Maulaff, LU – Steig aus und schlag zu. DÜW – Die üblen Winzer. HP … will isch gar net erschd anfange …

Dabei sind diese Grenzen eigentlich nur eine Laune der Geschichte. Am besten sieht man das am Fall der Kollerinsel, ein schönes 400 Quadratmeter großes Landschaftsschutzgebiet, das zwar zum badischen Brühl gehört, aber doch linksrheinisch auf Pfälzer Gebiet liegt. Dorthin ist es geraten durch die Rheinbegradigung im 18. Jahrhundert. Und ist seitdem auf dem Landweg nur noch über das pfälzische Otterstadt zu erreichen. Nur von März bis Oktober verkehrt eine Fähre – und dann wird's ganz idyllisch, von einer Seite zur nächsten Seite zu wechseln, ohne dass man über die Grenze muss. So könnte die Kollerinsel ein schönes Symbol dafür sein, wie man sich in der Metropolregion Rhein-Neckar zusammenfühlt und Sonntagsausflüge macht.

Rhetorische Grenzziehungen

Wie schad, dass sich die Leut aus der Provence Deutschlands aber oft lieber kleinkariert entzweien, statt sich zu einen und pan-kurpfälzisch aufzutreten gegen die Hotvolee-Besserwisser aus den wichtigen, tonangebenden Regionen. Dabei gehöre mir alle irgendwie zusammen. Weil, egal, wie mir uns und die annere ausgrenze oder oigemeinde wolle, Pälzer, Kurpälzer, Riedochse, Neckarschleimer, Ourewäller, Bergsträßler, Hinnerwäldler, Äppelwoi-Workser ..., fer die Leut in Norddeutschland sind mir alle ein und dasselbe: Schwaben. Des dut weh. Sollte uns aber helfen, eine gemeinsame Art von Identität zu finden.

Denn von außen betrachtet werden die Kurpfälzer (und Pfälzer und Südhessen) nicht nach fein säuberlich-hysterisch gezogenen Grenzlinien wahrgenommen. Sondern nur durch die Zisch- und Spucklaute, die aus den Goschen der Eingeborenen kommen. Unsern Dialekt hot halt leider immer wieder ganz annere Wirkunge als wie die annere deutsche Dialekte. Wenn die Bayern zum Beispiel ihr „Jo mei" sage und ihr „Host mi!?", dann hat des immer irgendwie en ethnologische Effekt, also so wie wenn ma in Voxtours odder Teleglobus was sieht, wo man gern in Urlaub hinfahren würde. Des is exotisch, verlockend!

Unsern Dialekt hat da e bissel anneri Wirkung. Mir würden, oder sagen wir besser, mir dete net in so einer Reisesendung kumme, wo's fremd, awwer unheimlisch schää is. Mir dete kumme in „Abenteuer Wildnis" odder „Die Reporter. Schorlensäufer – Schoppenstemmer – Scheißebabbler: So sind die Kur/Pälzer wirklich".

Kurpfälzer Wellnässer.

Manchmal kommt einem des so vor, als ob die Außengeländer uns so angucken, als wäre mir so'n aufgezogener Aff mit so zwee Schelle. Der hoppelt die Bergstraße entlang oder balanciert uffm Geländer von de Rheinbrück un saacht debei was Luschdisches: „Alla ... alla ... alla hopp ... Jäger aus Kurpalz ... wenn'er kummt, dann knallt's ..."

Metro-Polen, Eingeborene & Wellnässer

Glücklicherweise gibt es jetzt eine Organisiation, die sich um das Zusammenwachsen der Region kümmert: die Metropolregion Rhein-Neckar. Metropolregion! Die Region, wo die Pole in die Metro gehen. Erntehelfer-Pole, Spargelstecher-Pole, Nordpol(e), Südpol(e), ja grad bei der Klimaerwärmung sollt' ma froh sein, so lang ma die Pole noch hat. Metropolregion! Das klingt nach großer weiter Welt: *Métro, Métro de Paris, l' Odenwould, Eidelbärsch, Ladénbourg, Ketsch-Brühl-Antwerp ...*

Do, wo Milch & Honig fließen (un Woi & Wasser).

Die Bewohner dieses schönen Fleckchens Erde sind immer in Kur, Wellness-Pfälzer. Un deswege sind sie so andersartig. Sie sin annerschd. Also annerschd wie die annere Deutsche. Dermaße annerschd, die sin schunn annerschder! Diese „Annerschderartigkeit", des is ein Pfund, mit dem man eigentlich wuchern müsste. Das ist ein Exoten-Bonus. Und den könnte man richtig gut vermarkten. Als Einladung an alle mutigen Extrem-Traveller, sich auf den Trip einzulassen, der sie mit dem Fremden, Exotischen konfrontiert: *„Metropolregion Rhein-Neckar. Wildes unwegsames Gebiet. Ethno-Region, Abenteuerland. Terra incognita im Morgengrauen der Zuvielisation. Wilde an der Schwelle der Menschwerdung. Pidgin-Sprachen. Kannibalistische Riten mit blutenden Würsten und schwartendem Magen ..."* So müsst ma des formuliere.

Holiday Park Rhein-Neckar

Des isses: die Außergewärtigen mit ihren eigenen Vorurteilen und Stereotypen zu konfrontieren. Und die ganze Region arbeitet mit an dem großen Projekt, den Fremdenverkehr in unserem Land in völlig neue Dimensionen zu katapultieren. Die Vision: Unser ganzes Delta rechts- wie linksrheinisch wird ausgebaut zu einem gigantischen Freizeitpark.

Man würde einfach nur den Holiday Park in Hassloch ausdehnen – oder sollen wir sagen – uffbloose auf die gesamte Metro-polen-region. Ein Zaun außenrum und die Leut, die rein wollen, müssen Eintritt bezahlen (was für positive Auswirkunge hätt des auf all die gebeutelte kommunale Haushaltskasse!). Und die ganze Region ... von Heidelberg bis Kusel ... von Worms bis Wörth ... vom Katzebuckel bis zum Luzeberg ... is en Park vun Holiday. Und überall und grenzenlos: Urlaub, Heiterkeit, Fröhlischkeit, Ausgelaufenheit! Des wär doch toll, odder? Dann könnten wir Eingeborenen endlich so sein, wie mir am liebschde sin, un anstatts uns do defür zu entschuldische, verdiene mir aa noch Geld do debei.

Do könnt man sich richtig den Werbetext dazu vorstellen: *„Der Holiday Park Rhein-Neckar wartet auf Sie! Begeben Sie sich auf eine einzigartige Abenteuerreise in dieses wilde, größtenteils noch unentschlossene Gebiet. Erleben Sie selbst die wunderbare Kurpfälzer Gastfreundschaft. Seien Sie mutig und sprechen Sie die Eingeborenen ruhig einmal an. Die Antwort wird höchstwahrscheinlich schmerzlich-herzlich laut ausfallen. Doch keine Angst: Es sind gutmütige Exemplare, diese Kurpfälzer. Bleiben Sie gelassen und lassen Sie sich in ihrer urtümlichen, lautprahlerischen Sprache anschreien und dabei liebevoll bespucken. Ekeln Sie sich nicht. Dieses uralte Kommunikationsritual ist Ausdruck grobschlächtiger Herzlichkeit. Lachen Sie und werfen Sie ein fröhliches „Mach keine Ferzz, du alter Beutel!" in die Runde. Die netten Ungetüme werden es ihnen danken mit einem spontanen „Hä?". Darauf sollten Sie wiederum mit einem langgezogenen „Hajooo!" antworten. Und falls Ihnen die Eingeborenen dann entgegenrufen „Kumm! Geh fort!", sollten Sie das auf keinen Fall wörtlich nehmen. Bleiben Sie da und staunen Sie!"*

Ja, auch wenn wir im Gegensatz zu den anderen Metropolen eher klein und unbedeutend sind, so müssen wir trotzdem und gerade deswegen groß denken. Wie sagt der Engländer: Think big! Mit deutscher Aussprache „Sink big!" – Versenk die Große! So isses!

Faschenacht im Odenwald

erleben   erfahren

Vom „Arschblecken" und den „Huddelbätzen"

„Hinne houch". Schon der Ruf der Närrinnen und Narren macht deutlich, was das Symbol der auf über 500 Jahre Tradition zurückblickenden Buchener Fasnacht – hier spricht man übrigens zischend von „Faschenacht" – darstellt. Die Rede ist schlicht und einfach von einem blanken Hinterteil, dem sogenannten „Arschblecker". Der Volksmund erzählt dazu folgende Geschichte: 1382 sollen pfälzische Truppen die Stadt belagert haben. Diese wollten die Bevölkerung aushungern. Da sollen die Buchener einem einzigen Mann alles Essen gegeben haben. Und dieser musste, als er ihnen wohlgenährt genug erschien, seinen dicken nackten Hintern von der Stadtmauer dem Gegner entgegenstrecken. Angesichts dieses fetten A..., so waren sich die Krieger vor den Toren der Stadt sicher, war an ein Aushungern einfach nicht zu denken. Und man zog unverrichteter Dinge wieder von dannen. Kein Wunder also, dass die Buchener jedes Jahr an Fasnacht einen Wagen mit dem „Arschblecker" durch die Stadt fahren. Und heiße Küsse auf das nachgebildete blanke Hinterteil sorgen dann für großes Hallo. Weitere bekannte Figuren sind in bunten Fleckleskostümen die tanzenden „Huddelbätzen", Härle und Fräle, die Strohbären oder der Wagenradsänger. Außerhalb der närrischen Saison sind diese in Bronze im „Narrenbrunnen" von Joseph Michael Neustifter am oberen Marktplatz zu bewundern. Und auch die Buchener Altstadt ist einen Besuch wert.

Michael Dostal

Stadt Buchen
Verkehrsamt
Platz am Bild
74722 Buchen
Fon 06281.2780 oder 310
www.buchen.de
www.faschenachtinbuchen.de
www.huddelbaetze.de

Extras
Mittelalterliches Narrengericht um Mitternacht zwischen Fasnachtssonntag (Gänsemarsch) und Rosenmontag (Umzug) vor dem Alten Rathaus. Kleines Faschenachtsmuseum im Zunfthaus der FG Narrhalla Buchen. Führungen nur nach Vereinbarung über das Verkehrsamt (06281.2780).

erleben

genießen

entdecken

Radfahren auf der Kurpfalz-Route von Heidelberg nach Speyer

Mit Lust und Laune Richtung Rhein

Vom Heidelberger Kornmarkt über das Schwetzinger Schloss bis zum Speyerer Dom führt die gut 30 Kilometer lange Kurpfalz-Route. Bequem nähert man sich ohne nennenswerte Steigungen dem Rhein, die Mischung aus Natur, Kultur und Einkehrmöglichkeiten entlang der markierten Strecke klingen verlockend. Und wem der Hinweg ausreicht, der fährt mit der S-Bahn zurück. Doch diese offizielle Route ist nur ein Weg, das Gebiet rund um Plankstadt, Hockenheim und Ketsch zu erfahren. Viel spannender ist es, einfach den weißen Schildern zu folgen. Dorthin, wo man noch nie war, aber schon immer mal hin wollte. Die Wege durch Felder, Wald und Dörfer sind ideal zum Radfahren. Und die Radwegweiser sind so gesetzt, dass man immer wieder neu entscheiden kann, ob man die eingeschlagene Richtung beibehält, oder sich über die gewohnten Wege hinauswagt. Es bedarf zwar einer gewissen Orientierung (eine Radkarte ist immer Pflicht!), doch die braucht man auch für die eigentliche Kurpfalz-Route. Denn es kommt vor, dass die Themenschilder zugewachsen, verdreht oder doch nicht eindeutig gesetzt sind, weil die Route in beide Richtungen oder über Alternativwege befahrbar ist. Hin und wieder landet man daher abseits der angedachten Stecke. Wer mit Kindern unterwegs oder etwas unsicher auf dem Fahrrad ist, kann sich beispielsweise auch die ersten Kilometer durch das Einbahnstraßengewirr der Heidelberger Altstadt sparen. Lieber fährt man vom Bahnhof los in Richtung Plankstadt. Viele Wege führen an den Rhein!

Ute Günther

Infos zur Kurpfalz-Route:
www.kurpfalz-tourist.de
unter der Rubrik Radfahren
im Bereich Sport und Freizeit.
www.heidelberg.de
www.schwetzingen.de
www.speyer.de

Extras:
Etwas Zeit für den Schwetzinger Schlosspark (Seite 43) sollte man auf jeden Fall einplanen.

Faust-Museum in Knittlingen

betrachten

erfahren

„Das also war des Pudels Kern!"

Johannes Trithemius, ein vielseitig gelehrter Abt, ließ kein gutes Haar an seinem Zeitgenossen. Dr. Faust, später die Vorlage zur bedeutendsten literarischen Figur Deutschlands, sei ein Schwindler, Scharlatan, Prahler und Herumtreiber, schrieb der Geistliche aus dem Kloster Sponheim 1507. Da war Johann Georg Faust ungefähr 27 Jahre alt und sollte noch viel Aufsehen erregen, bevor er um 1540 der Legende nach vom Teufel geholt wurde. Wahrscheinlich flog Faust bei chemischen Experimenten in die Luft. Denn er gilt als Wissenschaftler, der sich neben Astrologie, Astronomie und Medizin insbesondere mit der Alchemie beschäftigte – auch im Auftrag von Herrschern wie dem Bamberger Bischof oder Franz von Sickingen. Auf jeden Fall rankten sich schon zu Lebzeiten Legenden um ihn, er regte massiv die Fantasie von Theaterstücke- und Geschichten-Schreibern an. Im Faust-Museum in Knittlingen, einen Steinwurf von seinem angeblichen Geburtshaus entfernt, erfährt der Besucher so einiges über die historische und noch viel mehr über die literarische Faust-Figur. Nicht erst Goethe machte ihn 1808 mit seiner Tragödie weltberühmt. Schon 1587 veröffentlichte Johann Spies die romanhafte Geschichte des Alchemisten, der im Pakt mit dem Teufel die Kirche verspottet, von Frauen bis Delikatessen alles bekommt, was er möchte, und am Ende hart bestraft wird. Unzählige weitere Werke mit dem Fauststoff folgten – auch heute noch, wie im Museum zu sehen ist, als Film, Comic oder Marionettentheater.

Tobias Grauheding

Faust-Museum
75438 Knittlingen
Kirchplatz 1
Fon 07043.9506922 oder 951610
faustmuseum@knittlingen.de

Öffnungszeiten:
Di - Fr 9.30 - 12 Uhr
und 13.30 - 17 Uhr,
Sa, So, Feiertage 10 - 18 Uhr.

Extras:

Eingebettet ist das im alten Rathaus untergebrachte Museum in ein schönes Ensemble aus Fachwerkhäusern. Wenige Meter entfernt befindet sich das Faust-Archiv mit gut sortierter Bibliothek und Platz für Sonderausstellungen. Kloster Maulbronn (Seite 60) ist nicht weit entfernt.

betrachten   erfahren   entdecken

Kloster Maulbronn

Kloster Maulbronn
75433 Maulbronn
Klosterhof 5
Fon 07043.926610
www.kloster-maulbronn.de

Öffnungszeiten:
1. März - 31. Okt:
täglich 9 - 17.30 Uhr
(letzter Einlass um 16.45 Uhr);
1. Nov bis 28. Feb:
Di - So 9.30 - 17 Uhr
(letzter Einlass um 16.15 Uhr).

Extras
Für Kloster Maulbronn werden
spezielle Kinder- und Familien-
führungen angeboten sowie
Themenführungen etwa zum
Klosterweinberg oder zur mittelalterlichen Heilkunde. Auf
dem Weg nach Maulbronn
(B 35) liegt Knittlingen mit
dem Faust-Museum (Seite 59).

Romantisch mit Hermann Hesse

„Ein Brunnen läuft dort, und es stehen alte ernste Bäume
da und zu beiden Seiten alte steinerne und feste Häuser
und im Hintergrunde die Stirnseite der Hauptkirche mit
einer spätromanischen Vorhalle, Paradies genannt, von
einer graziösen, entzückenden Schönheit ohnegleichen."
Hermann Hesse (1877-1962) war es, der Maulbronn die
schönsten literarischen Denkmäler setzte, in seiner psycho-
analytischen Mittelalterfantasie „Narziss und Goldmund"
zum Beispiel oder im tragischen Schülerroman „Unterm
Rad". Aus letzterem stammen die zitierten Zeilen. Hesse
war, wie vor ihm schon Friedrich Hölderlin, Zögling der
evangelischen Klosterschule, die man 1556 in der vorma-
ligen, um 1150 gegründeten Zisterzienserabtei Maulbronn
eingerichtet hatte. Und auch wenn Hesse, unter Depressi-
onen leidend, nach einem Jahr von hier floh, so war der
angehende Dichter offensichtlich doch sehr empfänglich
für die romantische Aura dieses Ortes. In der Tat ist Maulbronn, das seit 1993 zum UNESCO-Weltkulturerbe zählt,
genauso pittoresk, wie es Hesse beschrieb. Vor dem „Paradies" mit seinen eleganten Doppelsäulen steht wirklich
ein alter Lindenbaum, es plätschert ein Brunnen, und um
das Kloster herum haben sich Türme, Mauern und allerlei
Wirtschaftsgebäude erhalten. Das Kloster selbst hat archi-
tektonisch Hervorragendes zu bieten: unter anderem einen
gotischen Kreuzgang mit wunderschönem Brunnenhaus
und eine Kirche, in der man unter einem monumentalen
Steinkruzifix mit expressiver Christusfigur betete.

Kai Scharffenberger

Küfereimuseum Eberbach

Ein lebendiges Zeugnis für das alte Handwerk der Küferei will Familie Helm mit ihrem Museum bewahren. Zu sehen gibt es eine vollständig eingerichtete Werkstatt, in der vor mehr als 100 Jahren Jakob Helm mit der Herstellung von Fässern begonnen hat und die von Friedrich Helm bis 1987 betrieben wurde. So sind alle Arbeitsschritte bis zum fertigen Fass für die Besucher nachvollziehbar.

69412 Eberbach
Pfarrhof 4
Fon 06271.2704
www.eberbach.de/pb/,Lde/
265970.html

Öffnungszeiten:
Mai - 1. Oktoberwochenende:
Fr, Sa, So 14 - 17 Uhr, im Juli,
Aug und Sept zusätzlich
auch Di 14 - 17 Uhr;
andere Termine nach Vereinbarung – auch in den Wintermonaten.

Stadtrundgang Mosbach

Rund 22.000 Menschen leben in der größten Stadt des Neckar-Odenwald-Kreises, die auf eine lange Geschichte zurückblicken kann. Markante Gebäude und malerische Winkel der einstigen Reichsstadt, wie das Obertor oder das Haus Kickelhain, lassen sich am besten bei einem Stadtrundgang durch die historische Altstadt entdecken.

74821 Mosbach
Marktplatz 4
Fon 06261.91880
tourist.info@mosbach.de
www.mosbach.de

Öffnungszeiten Tourist-Info:
Mo - Fr 9 - 13 Uhr
und 14 - 17 Uhr;
Mai - Sept zusätzlich
Sa 9 - 13 Uhr.

Schlossfestspiele Zwingenberg

Seit 1983 findet das kulturelle Ereignis alljährlich Anfang August unter freiem Himmel statt.
Der Schlosshof bietet neben einer zauberhaften Kulisse und einer beeindruckenden Akustik auch Platz für rund 800 Zuschauer.

74821 Mosbach
Scheffelstraße 1
Fon 06261.6738907
info@schlossfestspiele-zwingenberg.de
www.schlossfestspiele-zwingenberg.de

Öffnungszeiten
Geschäftsstelle:
Mo - Do 10 - 12 Uhr und
14 - 16 Uhr, Fr 10 - 12 Uhr.

Ramondisch, hässlisch, schää

Um Missverständnissen vorzubeugen, beginnen wir mit einer Definition. Hochdeutsch „romantisch", englisch „romantic", (kur)pfälzisch „ramondisch" ist:
„1. in oft falscher, überschwänglicher Gefühlsbetontheit
die Wirklichkeit unrealistisch sehend.
2. schwärmerisch idealisierend von einer das Gemüt
ansprechenden, oft malerisch reizvollen Stimmung geprägt."

Gewerbegebiete als Alien-Landeplätze
Obwohl Deutschland nicht gerade dünn besiedelt und dazu flächenmäßig eher klein ist, gibt es unerklärlicherweise immer noch ein paar Gebiete, die einfach nutzlos als Wiese, Bienenbuffet oder Ackerfurche vor sich hindümpeln. Das tut dem kapitalistischen Wertschöpfungsauge nicht gut. Also gibt es bei uns die Tendenz, do, wo was druff basst, aa was druffzu-

und Idylle – das ist es doch, was die Region ausmacht. Und das ist es, was aus der normalen Romantik die kurpälzische Industrie-Ramondik macht.

Wer weiß – das, was heute noch als exotischer Ausflug durchgehen mag, wird in ein paar Jahren, wenn die Brücken-verbindung von der Kur- in die Pfalz nachhaltig gestört wird, weil die Hochstraße Nord in LU abgerissen und zur „langen Stadtstraße" runnergebaut wird, vielleicht eine verzweifelte Notlösung für alle, die irgendwie niwwer müssen von hiwwe nooch driwwe.

Um aber so richtig mit der Holzhammer-Methode auf den Geschmack zu kommen, wie ramondisch die Industrie-kultur bei uns sein kann, sollte man im Dunkeln bei Mann-heim-Sandhofen auf die A 6 in Richtung Frankenthal fahren, um dann auf der Brücke die Er-Leuchtung zu bekommen. Lin-ker Hand, da strahlt sie nämlich in all ihrer Wundersamkeit: die Anilin, die deswegen Badische Sodafabrik heißt, weil sie bei Westwind ganz aromatische Riechproben von der Pfalz in die Kurpfalz hinüberbläst. Eigentlich müsste hier jeder freiwillig 30 km/h fahren, um dieses Spektakel zu genießen. Was für ein Anblick! Wemma net genau wüsst, dass es „nur" Ludwigshafen ist, ma könnt määne, an einer futuristischen Mega-Stadt vorbeizufahren, die täglich die Duftnote ihres Deos wechselt und ganz schön viel qualme muss, um glück-lich zu sein. Wenn außergewärtiger Besuch da ist, machen wir diese Fahrt gerne, um zu zeigen, was unsere Region alles zu bieten hat an Attraktionen. Und wenn man es rechtzeitig schafft, die Nase zuzuhalten, bevor die Müllverbrennung ihr Au-Aroma verstrahlt, dann sind die Leute meistens auch ganz schön beein-drückt.

Ich geb zu, bei Tag ist der Anblick eher, naja saachema-mol, irritierisierend. Aber nachts, wenn die vielen Lichtlein blinken, dann könnt ma määne, Weihnachte sei in Ludwigshafen erfunden worden. Wenn man da net wüsste, dass es sich hier um die größte Chemiefabrik der Welt handelt, dann könnte man denken, hier ist ein Riesen-Märchen-Schloss aufgebaut, mit Zinnen und Türmen und Feuer unnerm Dach. Aber wehe, wenn der schlafende Riese mol wieder rülpse muss ... dann isses egal, wo hier irgendwelche Ländergrenzen sind.

Heimaturlaub mit Mehrblick

Zumal auch Mannheim, das damals nicht als Standort für die BASF dienen wollte, inzwischen viel Industrie aufzuweisen hat, die mit eigenen optischen und olfaktorischen Reizen dagegen halten kann. Die Entwicklung vom Wellness-Fürstentum zur Erfinder- und Industriestadt war halt besonders rasant. Um mal wieder ein schönes Silbermedaillen-Superlativ einzubringen: Hier gibt es nicht nur das zweitgrößte Barockschloss, sondern auch den zweitgrößten Binnenhafen Europas. Dementsprechend ramondisch kann es sein, durch die alten Hafenanlagen zu streifen.

Einmal auf der Diffenébrücke stehen und den Blick schweifen lassen, einmal übersetzen auf die Friesenheimer Insel und die Schönheitsideale baumeln lassen − schon bist du in einer anderen Welt. Do is nix dabei, was man sonst so herkömmlich mit „schön" und „attraktiv" oder gar mit „Seele baumeln lassen" verbinden würd. Und doch trifft alles irgendwie zu, wenn man sich auf diese fremde Welt einlässt. Hier auf diesem riesigen Areal verbergen sich Schätze, die jedem Industrieromantiker das Herz höher schlagen lassen: bröckelnde Backsteinfassaden, überwucherte Schienensysteme, alte Firmenschilder, rostige Zugmaschinen − und überall Wasser, Kräne, Entladestationen. Ein riesiger Abenteuer-Spielplatz für Erwachsene und (Hobby-) Fotografen. Da kann man dann sogar bei der Nachbearbeitung den „Retro-Filter" weglassen.

Der ist schon in der Realität live & direkt vorhanden. Wie gerne hätten die Mannemer Stadtplaner hier so etwas wie eine „Szene" etabliert, so wie sie auch schon im Jungbusch angedacht war, der mit Popakademie, Musikpark und Studentenwohnheim zumindest ansatzweise e bissel hipper is als hop. (Ob der Stadtteil dadurch wirklich annerschder wird als nur annerschd – Gschmacksach!). An verschiedenen Ecken wird auch versucht, aus der einzigartigen Kulisse ein richtig gutes Stück zu machen. In der Industriestraße (schunn der Name!) gibt es „Die Manufaktur", einen Gebäudekomplex mit kleinen Firmen, Restaurant und dem schönsten Mannheimer Strand (neben dem originalen Strandbad in Neckarau natürlich). Hier kann man wirklich die volle Breitseite „Summer in the City"-Klischee erleben. Ein heißer Sommerabend, im Liegestuhl der Beachbar, barfuß im (extra aufgeschütteten) Sand, im Schatten von Palmen (in Kübeln), mit Blick auf das Wasser des Hafenbeckens, aus dem Hof nebenan klingen die Salsa-Klänge des wöchentlichen Open-Air-Tanzkurses (Paare versuchen bei den dazugehörigen Gliederverknotungen ohne Rhythmusstörungen auszukommen), in der Hand einen Mojito – und unten auf dem Glas ist auch noch „Urlaub in Mannheim" eingraviert. Das volle Tropenprogramm – und auf einmal liegt MA am Meer, auch wenn nur ein paar Hundert Meter weiter im Industriehafen die Mülldeponie samt Recyclinghof net ganz so romantisch, aber dafür heftig, ihren Schatten wirft.

Glücklicherweise scheinen die Eingeborenen zu wissen, was hier für ein Potenzial schlummert. Noch 2014 soll ein beschilderter Rundweg durch den Mannheimer Industriehafen eingerichtet werden, der die verschiedenen Bauwerke und markanten Stellen hervorhebt. Die Idee dazu hatte der Verein „Rhein-Neckar-Industriekultur", der auf seiner wertvollen Webseite Gebäude und Objekte aus der gesamten

Metropolregion zusammengetragen hat. Einiges kennt man ja, weil man jeden Tag dran vorbei fährt, aber die Liste ist lang: vom „Wasserhochbehälter" in Grasellenbach über die Alte Mälzerei (heute Veranstaltungshalle mit gelegentlichen Chako-Gastspielen) und Hübner-Villa in Mosbach, den Alten Schlachthof in Wiesloch (heute ein Wirtshaus), bis hin zu dem oben beschriebenen Gesamtkunstwerk Industriehafen Mannheim ist alles akribisch aufgelistet mit genauen Beschreibungen, Fotos und weiterführenden Links, rechts- aber auch linksrheinisch. Dafür müsste es eigentlich den Kur/Pfälzer High-mat-Verdienstorden am Schoppenglas geben. Subber Sach! Wenn man auf Industriekultur und der sich daraus ergebenden Ramondik abfährt, kann man die Webseite auch als Ausflugsvorschlagsliste hernehmen: jedes Wochenende eine neue Attraktion. Und das Tolle daran ist, das meiste davon steht einfach so rum, man fährt oft achtlos dran vorbei. Aber erst jetzt, wo man die tiefere historische Bedeutung kennt, wird daraus ein Ausflugsziel.

Der Beinah-Stausee im Odenwald
Mindestens einmal im Jahr macht der Verfasser dieser Zeilen zum Beispiel eine Tour in den Odenwald. Wichtig: Durch Weinheim hindurch nehme man nicht den Saukopf von Tunnel, sondern die alte Straße nach Birkenau. Die Endstation dieses Trips, die Praxis meines Zahnarztes, ist jetzt zwar zugebenermaßen nicht unbedingt ein Traumziel (aa wonn de Uli de beschde Dental-Klempner weit un breit is!), aber der Weg hin und wieder zurück entschädigt für so manche Maulsperre nach längerem Eingriff. Eine wunderbare Strecke mit Wald und Fluss und Schlucht-Feeling und altem Gemäuer. Und: eine Fahrt durch die Industrielandschaft des späten 19. Jahrhunderts. Auf einer Strecke von 1,5 Kilometern liegen sechs Mühlen-Anwesen im Abstand von jeweils 200 Metern.

Alle denkmalgeschützt. Eine Mühle ist Hotel und Restaurant, eine andere ein Möbelgeschäft (mit sehr ungewöhnlichen Stehrums!). Ausgerechnet die schönste, die „Hildebrandsche Mühle", ein Schloss mit Türmen und Zinnen und geheimnisvoll umranktem Gemäuer, ist verlassen und dem Verfall preisgegeben. Hier baute Kommerzienrat Georg Hildebrand die erste vollautomatische Großmühle der Welt. Zur Energiegewinnung plante er eine 27 Meter hohe Talsperre. Und so wär die Weschnitz heut en Stausee und ma könnt von Woinem bis Birkenau mi'm Bootsche fahre. Des wär dann vielleicht der Romantik doch en Tick zu viel, odder? Auf jeden Fall ist daraus nichts geworden, weil die Turbinenleistung für eine Großmühle zu gering war. Also entschied sich der gute Hildebrand, eine neue Mühle zu bauen im Mannheimer Industriehafen, womit sich der Kreis wieder schließt.

Zurück bleibt ein faszinierendes Tal am Anfang des Odenwalds, und darüber das weithin sichtbare Wahrzeichen des alten Porphyr-Steinbruchs im Wachenberg. Des is des schöne, riesige, helle Loch, das einem immer so drastisch heimleuchtet, wenn man auf den Odenwald zufährt. Die Webseite www.rhein-neckar-industriekultur.de betont: „Vor allem in der Romantik priesen Schriftsteller wie Johanna Schopenhauer und H.W. Longfellow die Schönheit des Birkenauer Tals."

Siggschd, do hammer's widder, die Romantik! Un wenn die Poete so was sage, dann muss'es doch stimme. Weil ohne die det's jo gar ke Romandik gewwe, weeschwieschmään?!

erleben

betrachten

erfahren

Auto & Technik Museum in Sinsheim

Auto & Technik Museum
Sinsheim
74889 Sinsheim
Museumsplatz
www.technik-museum.de

Öffnungszeiten:
365 Tage von 9 - 18 Uhr
geöffnet, am Wochenende und
an Feiertagen bis 19 Uhr.

IMAX 3D-Kino im Museum
Programminfo:
Fon 07261.929950

Extras
Die Ausstellungshallen können
für Events vor außergewöhn-
licher Kulisse zur Verfügung
gestellt werden. Zur Dauer-
schau kommen ständig neue
Sonderausstellungen und Veranstaltungen wie Motorrad-
oder Autotreffen.

Nicht nur für Männer!

Männerträume in Chrom, Blech und Stahl auf 30.000 Quadratmetern: Ein 1970er Lamborghini Miura parkt neben
einem 1976er Porsche 934. Hier der rasante Blue Flame
mit der Hybrid-Raketenmaschine, der mit bis zu 1014,656
Kilometern/Stunde zwischen 1970 und 1997 zu Land alle
Geschwindigkeitsrekorde brach. Dort der rare Mercedes
SL Flügeltürer – übrigens nur ein Mercedes-Klassiker von
vielen, die hier zu sehen sind. Von der Decke baumelt ein
ESA-Satellit. Aus einer Ecke schmettert die mechanische
Mortier Tanzorgel den Evergreen „Berliner Luft", aus der
anderen dröhnt Rockmusik, zu der sich ein Roboter-Shop
präsentiert ... 3.000 Exponate bergen die beiden Ausstellungshallen und die Freifläche des 1981 eröffneten Auto &
Technik Museums. Oldtimer und Luxus-Autos, American
Dream Cars und Rennfahrzeuge, Flugzeuge, Panzer, Motor-
räder, Maschinen, Nutzfahrzeuge, Lokomotiven, Modellei-
senbahnen, Mode und mehr – Raritäten zuhauf, eine wert-
voller als die andere. Größter Coup ist die Concorde, die
vor zehn Jahren hier ihren letzten Landeplatz gefunden hat
und eine der größten Attraktionen ist. Noch mehr Eindrü-
cke schaffen Filme im IMAX 3D-Filmtheater, Spielplätze
für die ganz Kleinen und besondere Events vor außerge-
wöhnlicher Kulisse. Das Museum verspricht zweifellos er-
lebnisreiche und informative Stunden für die ganze Familie.
Da glaubt man gerne, dass jährlich zwischen 600.000 und
700.000 Besucher – auf ihre Kosten – kommen. Und das
sind keineswegs nur Männer!

Gisela Huwig

Hafenrundfahrt in Mannheim

betrachten   genießen   erfahren

Auf der „Kurpfalz" durch den Hafen

Der Blick auf das Wasser ist „Anrheinern" wohlbekannt. Rhein und Neckar folgen ihrem gewohnten Fluss, Wasservögel bevölkern die Ufer oder ziehen über den vorbeifahrenden Frachtern ihre Kreise – Jahr für Jahr, recht unbeeindruckt davon, was die Menschen an Land Großartiges vollbringen. Spontan macht das Lust auf einen Perspektivenwechsel. Und so ist eine Hafenrundfahrt eine tolle Gelegenheit, um zu erkunden, was Bemerkenswertes vom Wasser aus an den Ufern zu sehen ist. Landungsbrücke für die Teilnehmer ist der Anleger an der Kurpfalzbrücke in Mannheim. Von hier aus starten die kleinen oder großen Hafenrundfahrten durch einen der bedeutendsten Binnenhäfen Europas und zeigen eine Welt voller beeindruckender Technik. Brücken, Kräne, Lagerhäuser, Container säumen den Weg des Schiffes, das auch vor Schleusen wie der in Feudenheim nicht haltmacht. Hier wird ein Höhenunterschied von bis zu elf Metern überwunden. Die Fahrt auf der „Kurpfalz" kann man im Trockenen mit Blick aus dem Fenster genießen oder man lässt sich an der Reling den Fahrtwind um die Nase wehen. Neben dem grollenden Motor und dem Plätschern des Wassers, das gegen den Rumpf schlägt, sind auch Worte zu hören: die des Experten, der die Rundfahrt begleitet. Man erfährt viel Wissenswertes über Geschichte, Wirtschaft und Bauwerke und bekommt einen kleinen Einblick, wie es hier vor hundert Jahren ausgesehen haben muss, als die Technik noch nicht so weit entwickelt war.

Markus Giffhorn

Kurpfalzpersonenschifffahrt
68161 Mannheim
Friedrichsring 48
Liegeplatz: Kurpfalzbrücke
Mannheim - Cahn-Garnier-Ufer
Fon 0621.17895282
www.hafenrundfahrt-mannheim.de

Extras

Das Schiff „Kurpfalz" kann auch gechartert werden, Abfahrt, Ziel und Zeiten sind frei wählbar, Preis auf Anfrage.

erleben   erfahren   entdecken

Technoseum in Mannheim

Vom Tretkran zum tanzenden Roboter

Sein Name ist Paul, einfach nur Paul. Als die Besucher des Technoseums in Mannheim aufgerufen waren, einen Namen für den agilen Roboter vorzuschlagen, reichten die Ideen von Temaro bis Zubo. Das Rennen machte ein Klassiker unter den Vornamen. Für Pauls Spezies eher zukunftsweisend sind die Fähigkeiten des kleinen Kerls mit den großen Knopfaugen: Der Roboter kann sprechen und sogar ein bisschen tanzen. Er hat sich in kürzester Zeit zum Star der „Bionik"-Ausstellung des Hauses entwickelt; kommentierte Vorführungen sind täglich zu sehen. Während Roboter Paul für das Heute und Morgen wissenschaftlicher Forschung steht, führen viele andere Exponate des großen Museums dem Besucher vor Augen, welche Etappen die Menschheit in Sachen Arbeitswelt bewältigt hat. Die Schau gewährt auf 9.000 Quadratmetern Einblicke in 200 Jahre Technik- und Sozialgeschichte. Zu den Ausstellungsstücken, die Kinder besonders begeistern, gehört etwa der hölzerne Tretkran. Er ist ein Nachbau nach Plänen aus dem 18. Jahrhundert. Der Clou: Man darf − in Anwesenheit eines Museumsmitarbeiters − hineinsteigen, das Laufrad in Bewegung setzen und einen immens schweren Stein vom Boden hochhieven. Zudem lädt die Ausstellung „Elementa" Groß und Klein zum Experimentieren ein. Und sogar eine kurze Eisenbahnfahrt ermöglicht das Technoseum. Spätestens jetzt ist klar: Der erste Familienbesuch in diesem lebendigen Museum wird wohl nicht der letzte gewesen sein.

Martina Sema-Weiß

Technoseum
68165 Mannheim
Museumsstraße 1
Fon 0621.42989
www.technoseum.de

Öffnungszeiten:
Täglich 9 - 17 Uhr.

Extras

Immer sonn- und feiertags, 11 - 16 Uhr: „Familie aktiv!" – Mitmachprogramm zu monatlich wechselnden Themen. Im Technoseum können Kindergeburtstage gefeiert und Technik-Clubs für Kinder und Jugendliche besucht werden.

Musikpark Mannheim

Nicht nur äußerlich versprüht der Musikpark den Charme unangepasster Eigenständigkeit. Der im März 2004 eröffnete Komplex im Stadtteil Jungbusch lockt Existenzgründer mit subventionierten Mieten und einer Fläche von mehr als 4.300 Quadratmetern für neue Ideen. In den Abendstunden verbindet sich die angestrahlte raue Architektur mit der Atmosphäre rund um das ehemalige Werftgelände zu einem kleinen Gesamtkunstwerk.

68159 Mannheim
Hafenstraße 49
Fon 0621.39746942
info@musikpark-mannheim.de
www.musikpark-mannheim.de

Friesenheimer Insel

Wenn die Nacht über Ludwigshafen hereinbricht, haben die Industrieanlagen der BASF allabendlich ihren großen Auftritt. Von den beleuchteten Gebäuden und qualmenden Schornsteinen, die sich dramatisch im Rhein spiegeln, geht eine ganz eigene Magie aus. Diese Industrieromantik kommt besonders gut von der Friesenheimer Insel aus gesehen zur Geltung. Hobbyfotografen können dort viele reizvolle Motive finden.

68169 Mannheim

Wasserturm Mannheim

Das 60 Meter hohe Wahrzeichen Mannheims ist von allen Seiten aus betrachtet eine Augenweide.
Ob spektakulär angestrahlt in der Dämmerung oder bei schönstem Sonnenschein – der im 19. Jahrhundert erbaute Wasserturm, die Brunnenanlage und das umliegende Gebäudeensemble aus Jugendstilbauten, Rosengarten und Maritim-Hotel sind dankbare Motive für eine Fotosafari mitten in der Stadt.

68161 Mannheim
Friedrichsplatz

Metropole der Metropolregion, meistunterschätzte Stadt D-Lands, Shopping-Paradies, ICE-Knotenpunkt, Babbel-Paradies, Kulturstadt, Ort der Silbermedaillen-Superlativen (die Zweitgrößte, Drittälteste oder eine der ... meisten/schönsten/besten und anderes mehr), Jugendstil-Zentrale, Musikmagnet, Brückenkopf, Grenzstadt, Integrationslabor, Flussstrandparadies, Chakos Geburtsort. Wer vun do kummt, kriegt des nie meh los! Aussichten: alle möglichen, je nach Position und Sichtachse. Comedyantische Recherche-Möglichkeiten: unendlich. In dere Stadt stehn die Gosche niemols still.

Lieblingsplatz:
Rheinufer
Mannheim-Lindenhof

Gourmet

Mit Lebensluschd und lukullischem Wesen

Geht es darum, die wunderbare Entwicklung der gehobenen Gastronomie in der Metropolregion Rhein-Neckar zu lokalisieren, wird jeder irgendwann auf Deidesheim verweisen, das Mekka der Fein- und Teuer-Leckerschmecker. Dabei ist die ganze Region ein einziger Tempel des Genusses und der Lebensluschd. Überall frönen die Eingeborenen der Genüsslichkeit. Ausgestattet mit elysischer Selbstbewusstlosigkeit freuen sie sich daran, im Paradies leben zu dürfen, und stecke sich alles in de Hals, was ihr Garten Eden so hergibt: vom einfache Odenwälder Appel bis hin zum Spargelspitzchen in Trüffelschaumbadsoße. Dieses lukullische Wesen dient nicht nur dem Selbstzweck des entzückten Gaumens und vollen Ranzens. Es ist hier in dieser Frontregion immer auch als ritueller Widerstand zu verstehen gegen die drohende schwäbische Kehrwochen-Kolonialisierung des nordbadisch/kur-

pälzischen Genusssuchtsgens (mit fünf „s"!). Wenn man sie in ausgelaufener Stimmung antrifft, dann können und wollen die Nordbadener ihre (kur)pfälzischen Wurzeln nicht mehr verleugnen und sagen mit beschwingter Zunge ihr subversivstes aller Anti-Schwaben-Gedichte auf:

Arweit macht des Lewe sieß,
des will isch ned bestreide.
Wie gut, dass unseräner is
ken Freund vun Süssischkeide.

Von Michelin bis Äppelwoi

In der Kurpfalz ist alles zu finden, die ganze Band(nudel)breite von der urigen Äppelwoi-Beiz im tiefen Odenwald bis hin zum Sternerestaurant für gaumenschnalzende Michelin-Männels. Baden-Württemberg ist das Land mit der höchsten Dichte an Sternerestaurants. Und das ist gerade hier im hohen Norden zwischen Rhein und Neckar so. Da ist von kreativ und neu interpretiert bis abrakadabra und molekular alles zu finden. Wer hätte noch vor ein paar Jahren gedacht, dass der Papst der Molekularküche dem Frankfurter Raum den Rücken kehrt und sich dafür in Mannheim – und dann auch noch in der ehemaligen „Schildkröt(!)-Fabrik"– niederlässt. Wer viel Geld ausgeben kann für viel Kunst mit wenig Essen auf großem Teller, der ist in der Region wirklich gut bedient.

Wobei das andere Extrem natürlich auch überall zu finden ist: Weinstuben, Beize, Gaststätten (mit Fremden(!)zimmer und „fließendem(!) Wasser"). Es gibt alles. Auch die klassische Old-School-Wirtschaft mit dem spezifischen Geruch der Jahrhundert-Jahrgänge ihrer Stammgäste. Eine echte Design-Hölle, gehalten in deutsch-dunkel Eiche. Alles dunkel: der Bode, die Wänd, die Paneele, die Deck. Das war schon dunkel, als es eingebaut wurde. Damals, zur Zeit vom Wiener Kongress. Es ist dann aber mit den Jahrzehnten sogar noch nachgedunkelt, heut det ma sage: hausgeräuchert mit Reval-Rauch, Schoppe-Schweiß und Metzelsuppe-Dampfschwaden. Ein schöner gemütlicher Raum mit der aua-thentischen Atmosphäre langer Eingeborenen-Ge(s)chichte. Rustikal unverwüstlich-gemütliches Holzmobiliar, die lange Theke und daneben der Stammtisch. Ganz wichtig: der Stammtisch, an dem immer mindestens zwei Eingeborene sitzen. Immer sind die da, montags, samstags, morgens, abends, immer! Obendrüber das Hirschgeweih, dass nix passiert, die sind in Sicherheit. An der Decke ein hölzerner („Enner in de Kron"-) Leuchter mit metallenen Beschlägen aus der Epoche Ritter-von-Alteise-Rostblech. Darin verteilt mehrere Hundert 100-Watt-Glühbirne – und schon ist der gastliche Raum so gemütlich illuminiert wie die Rhein-Neckar-Arena bei'me Flutlicht-Spiel. Als Speisekarte: ein Stapel aufeinanderliegender, aneinander festbappender Klarsischdhülle, die beim Umblättern immer dieses spezielle charakteristische Geräusch von sich gegeben haben, *fffffth, fffffth*.

Unter den klebrigen Ablagerungen mehrerer Generationen von Biskin-Öl-Ausdünstungen konnte man schemenhaft die Schlüsselworte der gutbürgerlichen Eingeborenen-Küche erkennen: „Schweine, Griebe, Worschd, Schwarte, Blut, Lewwer ... Schlachteplatt, Schlachteplatt, is die Sau als noch net satt?!"

Was gab's zu trinken? Limo, Cola, Wasser, Bier – aa aus de Flasch. Und Wein direkt aus der Literflasch mit dem gelbe Siegel drauf: „Für Diabetiker geeignet". Vom Säuregehalt her sicherlich aber auch fer de Chemieunnerischd odder zum Abbeize vun Möbel!

Man sollte meinen, dass es so etwas heute eigentlich nicht mehr geben kann. Und doch kann man hier und da, in den unscheinbarsten Orten des Odenwalds, der Bergstraße, sogar in der Peripherie der Großstädte MA oder HD, solche Museen und Relikte der steinzeitlichen Gastronomie finden. Bei manchen Leuten sind die heutzutage wieder richtig hip, weil sie so schön weit weg sind vom Einheitsbrei der modernen Lounge-Flaunsch-Geil-„Can-I-help-you"-Gastroszene.

Ja, heute sind Vinotheken angesagt und Bistros und Vinorants. Ganz moderne und zeitgeistige Etablissements, die so aussehen wie frisch eröffnete Wellnässer-Hotels, mit LED-Leuchten, wechselnder Farbtherapie-Modi und minimalistischer Möblierung, viel Glas, hellem Holz – und die Klospülung funktioniert mit Sensor und Bewegungsmelder.

Wenn man die Eingeborenen aus der alten Kurpfälzer Beiz von ihrer Eckbank losschraube und do neibringe det – ah die dete denke, die Aliens wäre gelandet. Aber diese Art von Gastronomie ist für andere gemacht: die exquisite, ausgequellte Schar der Wochenendtouristen, die sich durch die kleinen Orte als Autokorso hindurchquälen mit Roadsters und PS-Bankerts und Uffgebrezzelte. Alles voll: de Parkplatz, die Vinothek un die Leit.

Nur der Teller net. Warum? Es gibt Tapas. Ja genau: orichinale espanische Tapasss. Uff Kurpälzisch: Versucherle. Hier heißt's aber Tapas. Der Unterschied zu den originalen Tapas besteht darin, dass die in Spanien zum Bier oder Wein einfach so dazugestellt werden – fer ummesunschd. Hier aber kostet der Teller mit Geschmacksproben 25 Euro. Wegen der einen Olive halt, die aus original organesisch-biologistischem Umbau direkt in'eme israelische Kibbuz in de Toskana, in Andalusien ... oigedost worre is. Was gibt's zu trinken? Ganz exquisitösen Wein. Blanc de Blanc, 0,1 Liter für sechs Euro fünfzisch – der blonke Wôhnsinnnnn.

Wein kurpälzisch gut
Hier an der Bergstraße sind die Weinlagen steil und klein und speziell. Das Terroir, wie man es so schön nennt (Achtung! Nicht von der NSA abhören lassen und dann ohne „i" aussprechen), ist einzigartig. Zwischen Schriesheim und Heppenheim wächst es den Hang des Odenwaldes hoch, mit Blick über die Rheinebene hinüber in die linksrheinische Pfalz – das sind die emotionalen Zutaten für guten Wein.

Auch weiter hinten im Land, im Kraichgau bei Malsch zum Beispiel, kann man Gebiete erleben, die Weinberge in all ihren schönsten geschwungenen Formen zeigen. Hier ist es so schön und irgendwie „weg von allem", dass man den Mangel an Dubbe-Schoppengläsern locker verschmerzen kann.

Die neue Winzergeneration strengt sich an. In allen Regionen, in allen Lagen, an allen Fronten. So mancher Winzer wird dabei plötzlich zum Star und tauscht die Winzer-Kutt gege de Boss-Kittel. Es tut sich was in der Weinwelt. Auch bei den Trinkern. Also besser gesagt: den Kennern.

Kurpfälzer Genussmensch bei der Arbeit.

Neben dem volkstümlichen Heer der einfachen Trink-, äh, Genießer gibt es nämlich auch solche Leute, die das mit dem Wein sehr, sehr ernst nehmen. Um diesem Kulturgut mit allen Sinnen auf den Grund zu gehen, haben die einen Sense-Ohrik-Kurs gemacht und horchen dann auch mal ins Glas. Und riechen auch. Oder soll man es schnüffeln nennen? Manche haben sich die Nase extra so groß und rund wachsen lassen, dass das kleine Probierglas einfach nur noch draufgesteckt werden muss – und dann beginnt die Weinprobe. Dann wird genippt statt gekippt und vor allem wird viel heiße rhetorische Luft produziert, um zu beschreiben, was im Glas sich befindet und auf der Zunge sich windet.

Wenn man so hört, was die Leute über Wein schwallen, dann würd man eigentlich am liebsten nur noch Wasser trinken – wenn de Woi net so gut wär. Oder anders formuliert: Die Sprachverkrüppelungen der sogenannten Weinkenner sind von einer dermaßen schwülstigen Edelfäule, dass sisch do eigentlich jeder Woi am liebsten sofort freiwillig in Traubesaft zurückverwandle det, nur damit er des Elend net mitmache muss.

Ja, wenn echte (Ver-)Kenner den Wein mit wohlgequälten Worten beschreiben, dann können einem schon mal die Ohrmuschle verdozzle:

„Ohja (schlürf, gurgel, schlabber) ... In der Nase gleich reife Cassis, animierende Guave und rutschig-laszive Aromen von Mango und Glitschi. Dazu: Granatapfel und Granny Smith, die mit Anis und Flieder changieren. Da ist ein Geranienton, der ist blumig, ja floral geradezu ... "

Kummsch'der vor wie en Obschdsalat im Blummelade, odder?!

„Dazu (züngel, worksel, lutsch) ein Hauch von überreifer Pomelo, rote, nasse Erde und etwas feuchte Haferflocken ... etwas Espresso ... dann honduranischer Tabak in der geöffneten Zedernholzkiste. Auch (schmatz) Schimmelpilz-Ragout. Also viel Würze und weniger Stall. Und am Ende noch nasses Vinyl und scheues Petroleum ... "

Ah so was will ma doch trinke müsse, odder?! Am liebschde glei aus de Flasch in de Probierstub vun de Müllverbrennung uff de Friesenheimer Insel. Schade, dass die meisten Leute von dieser Gärplauderei so beein-drückt sind, dass sie sprachlos werden. Anstatt mit der uns angeborenen kurpälzischen Schlag(noi)fertigkeit zu reagieren, wenn der Oenologistiker sagt:

„Oh ja, das ist ein trinkiger Wein, der Spaß macht. "

Hä?

„Ja, ein trinkiger Wein. "

Ach, trinkig. Wie schad! Eigentlisch woll isch'n esse.

Auf Weinmessen und Blindverkostungen soll es schon mal passiert sein, dass in allen zehn Flaschen auf dem Podium derselbe Wein war. Und was is passiert? Die Tester haben sich überschlagen mit Vergleichen und Unterscheidungen. Dabei warn die Geschmacksnerve eigentlich noch blinder wie die Etikette, die zugedeckt waren. Aber egal. Hauptsach, was Klug-Hohles gebabbelt. Es gibt sogar Weintester, die haben ihren ganz eigenen modernen Stil entwickelt. Die sind so was von hip, bei denen klingt dann eine sensorische Weinbeschreibung wie der Beitrag zu einem Poetry-Slam:

„Dieser Wein ist eine Wuchtbrumme. Aber echt!
Auf der Lippe ein Hauch von Daumenlutsch-Extrakt und Labello-Balsamico. Aber hallo!
Dann: Anklänge von angegorener Kiwi-Schale und überreifem Bananenmus. Aber hoppela!
Dazu: frisch benutzte Windel, geröstete Kaktusstacheln und gegrillte Pusteblume.
Yeah, yeah, yalla.
Im Abgang schließlich der entscheidende Flash mit einem Hauch von geöffneter Altpapier-Tonne und Noten von Maracujasaft-Resten im Tetrapack. Yo und raus und off.“

Ich würde dann so gern sehen, wie dem Weinbabbler die Kenner-Visage verrutscht, wenn ein Kurpfälzer Original ihn dann fragt: „Äh, Sie wern sich entschuldische, hawwe Sie aa en Woi, wo nooch Woi schmeckt?“

Genießer-Mundart

Ja, die Menschen hier heißen nicht umsonst Kur(!)pfälzer. Wie genießerisch sie mit sich, dem Leben und der Nahrungsaufnahme umgehen, ist wieder einmal am besten an den Lauten ihrer MundArt zu merken. Wunderbare schmackhafte und geradezu eroddische Laute kommen da aus Mund und

Gosch und Schnut. Da werden selbst einfache Vornamen zu einem schmackhaften Hörerlebnis. Gerade in Mannheim, wo das nasale „o" gepflegt wird, das die Franzosen dereinst hier fallen ließen. Diesen wunderbaren Laut kennzeichnen wir hier mit einem französischen „^". Der Sprecher sollte den Mund so stellen, als wolle er gleichzeitig ein „o" und ein „a" aussprechen, und dann den Laut unerschrocken durch die Nase ziehen. So gebbt's donn die Illôna un die Ramôna, die aus de Neckarstadt-Weschd, eine blühende Lupine Mannheims. Odder die Simône.

Die Simône, die Simône
Mag ke Zitrône un ke Limône
Stattdesse liebt'se
Eis mit Sôhne, Toblerône, Kokosmakrône
Awwer am liebschde mag die Simône
Hônisch-Melône

Führung durch die Welde Privatbrauerei in Plankstadt

erleben

genießen

Faszinierende Welt des traditionellen Brauhandwerks

Schick, aber nicht abgehoben. Inszeniert, aber nicht aufgesetzt. Informativ, aber nicht langatmig. Detailverliebt, aber nicht überladen. Spontan, aber nicht nur für die Masse. Wer die Welde Privatbrauerei in Plankstadt besucht, möchte nicht allein wissen, wie man Bier braut. Oder wie man vielleicht etwas günstiger im Bier-Shop der Brauerei einkauft. Auch das bloße Probieren diverser Biersorten, das zu einer klassischen Brauereiführung gehört, ist für die meisten eher Nebensache. Was man dagegen sucht, das ist der Kult, der um eine extravagante Bierflasche und deren Inhalt zelebriert wird. Da sind die Lampen aus den typischen grünen Bierflaschen immer wieder neu designt, die Jahrgangsbiere im beleuchteten Regal in Szene gesetzt, die Theke als Felsenlandschaft konzipiert. Ein gelungenes Gesamtkunstwerk mit Spaßfaktor. Natürlich kommt man zu den wichtigsten Stationen, sieht blankpolierte Edelstahltanks, darf am Hopfen riechen und erfährt etwas über das richtige Brauwasser. Doch man darf eben auch schon mal in einen engen Lagertank schlüpfen oder Kellerbier direkt von der Quelle zapfen.

Ute Günther

Weldebräu GmbH & Co KG
68723 Plankstadt
Brauereistraße 1
Fon 06202.9300-38
bierwelt@welde.de
www.welde.de

Extras:
An Sonn- und Feiertagen kann man ohne Voranmeldung zu jeder vollen Stunde zwischen 11 und 16 Uhr zu einer Brauereitour starten, die in der gemütlichen Lounge endet, wo Bier nach Lust und Laune selbst gezapft und genossen werden kann.
Auch als Zwischenstopp bei einer Radtour durch die Kurpfalz ideal (Seite 58).

betrachten

genießen

Molkerei Hüttenthal in Mossautal-Hüttenthal

Molkerei Hüttenthal
64756 Mossautal-Hüttenthal
Molkereiweg 1
Fon 06062.26650
molkerei@huettenthal.de
www.molkerei-huettenthal.de

Ladenöffnungszeiten:
Mo - Fr 8 - 17 Uhr, Sa 8 -13 Uhr;
Okt - März wird eine Stunde
früher geschlossen.

Extras
Nach Voranmeldung gibt es
mittwochs und freitags Besichtigungen. Für Vier- bis Zwölf-
jährige wird „Buttern mit Kindern" angeboten. Vorm Haus
lädt ein „Milchgarten" ein.
Ganz in der Nähe kann eine
Privat-Brauerei (www.schmu-
cker-bier.de) besichtigt und
im Marbachstausee geschwom-
men werden.

Leckeres aus Kuh- und Ziegenmilch
Es gleicht einer Zeitreise. Vor allem Stadtbewohner sind
beim Besuch der Molkerei Hüttenthal vom ländlichen Idyll
begeistert. Vor dem kleinen Unternehmen springen Ziegen
über die Wiese, auf einem Teich paddeln Enten und Gänse,
im Schatten unter Bäumen laben sich Wanderer an einem
Glas Buttermilch und Kinder toben sich an Rutschbahn und
Brunnen aus. Eine überdimensionierte hellblaue Ruhebank
symbolisiert: Hier darf man durchschnaufen, das Landle-
ben genießen, rasten. Das Herzstück dieses gemütlichen
Fleckens ist ein kleiner Laden, in dem die Molkerei ihre
Milch- und Käsespezialitäten verkauft. Über eine Liefe-
ranten-Rampe, die schon in längst vergangenen Zeiten von
Fuhrwerken genutzt wurde, betritt der Kunde das freund-
liche Geschäft. Heraus kommt er meist wieder mit prall
gefüllten Tüten. Das Angebot ist einfach zu verführerisch:
Nicht homogenisierte Milch von hiesigen Bauern, wie sie
frischer nicht sein könnte, Sahne, Schmand, Butter, Frucht-
quark, verschiedene Frisch-, Weich- und Schnittkäsesorten
sowie einige andere Köstlichkeiten aus der Region, von
Nudeln über Müsli bis hin zum Schoko-Gebäck. Seit mehr
als 100 Jahren ist Hessens einzige Privatmolkerei im Besitz
der Familie Kohlhage. 20 Mitarbeiterinnen und Mitarbeiter verarbeiten täglich rund 15.000 Liter Kuh- und 1.000
Liter Ziegenmilch aus artgerechter Tierhaltung. Dass es
hier so natürlich und bodenständig wie nur möglich zugeht,
schmeckt man einfach.

Tobias Grauheding

Kochkäse und Apfelwein

genießen   erfahren

Prominentes Duo

„Lange bevor man in Frankfurt ‚des Stöffche' gekannt hat, haben wir im Odenwald bereits Apfelwein getrunken", schmunzelt Frank Rettig, Gründer der Odenwälder Kochkäserei in Fürth-Lörzenbach. Überhaupt rühre die prominente kulinarische Verbindung aus Kochkäse und Apfelwein aus früheren Zeiten auf dem Bauernhof. Es wurde das verarbeitet, was zur Verfügung stand. Das war die Milch für den Käse und die Äpfel von den Streuobstwiesen für den Most. Er selbst hat sich dem cremigen Part des Duos verschrieben und vor rund 20 Jahren seinen ersten Kochkäse in einem kleinen Topf nach einem Rezept der Großmutter angerührt. Heute beschäftigt er in seiner Kochkäserei 15 Mitarbeiter und beliefert das Umland mit seinem Naturprodukt, das trotz seiner üppigen Zutaten mit einem Fettgehalt von sieben Prozent überraschend mager auf den Tisch kommt. Obwohl inzwischen große Mengen Quark, Milch, Butter und Sahne in extra angefertigten Maschinen angerührt werden, verzichtet er völlig auf Chemie. Das Rezept ist einfach. Das Geheimnis für die wunderbar cremige Konsistenz liegt im richtigen Rühren und dem Timing bei der Molke. In seiner Käsestube schmeckt die Odenwälder Spezialität gleich in verschiedenen Variationen wunderbar zum spritzigen Apfelwein. Im Sommer plätschert es dazu gemütlich im Teichgarten und frische Landluft führt in Gedanken in Zeiten, wo Oma Kathrin den Käse noch gerührt hat und auf der Wiese nebenan die Kühe das Gras genossen haben.

Sabine Demirci

Odenwälder Kochkäserei
Frank Rettig
64658 Fürth-Lörzenbach
Lauten-Weschnitzer Straße 11
Fon 06253.4555
info@kochkaeserei.de
www.kochkaeserei.de

Extras

Hofladen „Landlädchen":
Di - Mi 9 - 12.30
und 14.30 - 17.30 Uhr;
Do - Fr 9 - 18 Uhr;
Sa 9 - 14 Uhr.
Spezialitäten:
Kochkäse, Kräuterquark,
Meerrettichcreme, Obatzter.

erleben

genießen

Backfischfest in Ketsch

Köstliches aus Neptuns Reich

Klar, Fischerfeste gibt es viele in einer Region, die von Rhein, Neckar und zahlreichen Weihern geprägt ist. Eines der traditionsreichsten und auch größten Feste dieser Art ist zweifellos das Ketscher Backfischfest, das 2013 zum 62. Mal gefeiert wurde und jedes Jahr mehr als 150.000 Besucher aus nah und fern anzieht. Es ist ein richtiges Volksfest mit allem, was dazugehört, aber nicht vergleichbar mit einer ganz normalen Kerwe, schließlich stehen hier die köstlichsten Früchte aus Neptuns Reich im Mittelpunkt – goldgelb und knusprig in Öl gebacken. Das Angebot reicht von Aal bis Zander. Da kommen Forellen ebenso auf den Tisch wie Merlan, Blaufelchen oder Victoriabarschfilets. Aber auch Krabben, Garnelen und Calamares buhlen um die Aufmerksamkeit eines genießerischen Publikums. Fisch satt, heißt es hier am romantisch daliegenden Altrheinarm und der Fisch muss natürlich schwimmen. So gibt es auch zu trinken bis zum Abwinken und dazu heizen Bands die Stimmung in den prall gefüllten Zelten auf bis zum Siedepunkt. Volkstümliche Schlager, Party- und Stimmungshits, die schönsten Oldies und das Beste aus den Charts – diese Musik krallt sich regelrecht fest in den Gehörgängen der brodelnden Masse auf der Festwiese. Rustikal lieben es die Ketscher und ihre Gäste. So beginnt auch alles mit einem feucht-fröhlichen Bieranstich und endet schließlich mit einem fulminanten Höhenfeuerwerk.

Bernhard May

Gemeindeverwaltung Ketsch
68775 Ketsch
Hockenheimer Straße 5
Fon 06202.606-0
Backfischfest
vom 1. bis 10. August 2014
www.backfischfestketsch.de

Alzey

betrachten

entdecken

Geliebtes Ross, gelobter Wein

Was haben Schlagersänger Roberto Blanco, Kardinal Karl Lehmann, Kabarettist Lars Reichow und die ehemalige Frankfurter Oberbürgermeisterin Petra Roth gemeinsam? Sie sind Träger des Alzeyer Weinkulturpreises. Dessen Verleihung gilt als einer der Höhepunkte im kulturellen Leben der Stadt und gehört zum Programm des Winzerfestes, das am dritten Wochenende im September gefeiert wird. Der Preis wird zu Ehren des Winzers Georg Scheu verliehen, der als Rebzüchter („Scheurebe") dem modernen Weinbau in Deutschland wichtige Impulse gab und in Alzey wirkte. Alzey und Wein – das gehört eh zusammen wie Trauben, Sonne, Saft. Sogar ein eigenes Weinlied gehört zum „Alser" Repertoire, sein Refrain lautet: „Trink, trink immerzu Alser Woi doi Lewe lang, lieb Wein, Weib, Gesang – voller Becher Klang, an jeder Seit ein Mägdelein, blond und fein und lieb, es kann ja woanders nicht schäner sein, drum hab ich moi Alse so lieb." Wer Alzey, das im Mittelalter zur Kurpfalz gehörte, noch nicht kennt und lieb gewinnen möchte, kommt um den Rossmarkt mit seinem Fachwerk und dem Brunnen, den der Neustadter Künstler Gernot Rumpf entwarf, nicht herum. An diesem Brunnen steht der Liebling vieler Kinder: das Ross des Volker von Alzey. Der Spielmann war der Sage nach mit Hagen von Tronje befreundet, der wiederum laut Nibelungenlied den berühmten Schatz im Rhein versenkte. Doch nicht nur der Brunnen, auch das Alzeyer Schloss macht Eindruck. Da es jedoch ein Gericht und ein Internat beherbergt, kann es nicht besichtigt werden.

Martina Sema-Weiß

Tourist Information
Alzeyer Land
55232 Alzey
Antoniterstraße 41
Fon 06731.499364
touristinfo@alzey.de
www.alzeyer-land.de
www.alzey.de

Extras

Inmitten der Stadt Alzey können sich Besucher über die Kultur- und Naturgeschichte der Region informieren: Das Museum der Stadt wurde im Gebäude des ehemaligen Hospitals untergebracht. Info: 06731.498896, www.museum-alzey.de. Die Tourist Information befindet sich hier im Foyer.

Mannemer Dreck

Ohne Zweifel gehört die Spezialität aus der Quadratestadt zu den süßesten Versuchungen der Kurpfalz. Einst als Reaktion auf eine Polizeiverordnung gegen Unrat gebacken, wird die Komposition aus Nüssen, Gewürzen, Zucker und Schokolade seit dem 19. Jahrhundert in verschiedenen Varianten hergestellt. Die Konditorei Herrdegen beruft sich auf ihr Originalrezept von 1862.

68159 Mannheim
E 2, 8
Fon 0621.20185
info@cafe-herrdegen.de
www.cafe-herrdegen.de

Öffnungszeiten:
Mo - Fr 9 - 18 Uhr,
Sa 8.30 - 17.30 Uhr, So und
Feiertage geschlossen.

Winzerfest Wiesloch

Die Eisweinhalle und der Festplatz in Wiesloch werden alljährlich Ende August zum Mekka für kurpfälzische Weinliebhaber. Dann strömen Tausende Gäste zum Winzerfest in die Stadt und sorgen für eine fröhliche Stimmung.

69168 Wiesloch
Gerbersruhstraße
Fon 06222.84271
info@wiesloch.de
www.wiesloch.de

Eichbaum Brauerei Mannheim

Wenn ein Unternehmen bereits seit mehr als 333 Jahren Bier braut, gibt es viele Geschichten zwischen Tradition und Moderne zu erzählen. Einblicke gewährt Eichbaum bei einer rund dreistündigen Brauereiführung. Dabei gibt es nicht nur den Produktionsprozess zu sehen, die Besucher kommen auch in den Genuss des Gerstensaftes.

68167 Mannheim
Käfertaler Straße 170
Fon 0621.3370297
www.eichbaum.de

Öffnungszeiten:
Termine nach Absprache, mögliche Anfangszeiten sind werktäglich um 9.30 Uhr, 13 Uhr oder 17 Uhr.

Privatbrauerei Schmucker Mossautal

Schmucker braut seit 1780 Odenwälder Bier-Spezialitäten. Das Rhein-Main-Neckar-Dreieck zählt zum Kerngebiet der Brauerei mit dem in typischer Männertracht gekleideten Bauern auf den Etiketten. Wie der Gerstensaft in die Flaschen kommt, lässt sich bei einer rund einstündigen Brauereibesichtigung begutachten.

64756 Mossautal
Hauptstraße 89
Fon 06061.7020
info@schmucker-bier.de
www.schmucker-bier.de

Öffnungszeiten:
Besichtigungen Mo - Sa
ab 10 Uhr; Beginn der letzten
Führung ist 19 Uhr,
Sa letzte Führung um 17 Uhr.

An einem klaren Tag ist dieser Blick
auf die Region unbezahlbar superlativ
und superlaweit. Umgeben von Reben
und Steillagen, nebenan das alte Gemäuer,
darunter die engen Gassen von Schriesheim,

die Bergstraße, das weite, breite Rheintal, wie's
da liegt in de Sunn mit uffgebloosene Backe.
Der ideale Ort, um lokalpatri(di)otisch sentimenthol
zu werden. Aussicht: unbezahlbar, unschlagbar,
unverbaubar, volle Breitseite High-mat. Comedyantische Recherche-Möglichkeiten: bestens, wenn die
Sonnenterrasse der Burgschänke vollbesetzt ist
und sich Eingeborene mit Außergewärtigen mischen
wie Riesling mit sauer Wasser.

Lieblingsplatz:
Strahlenburg
Schriesheim

Famos all over se Wörld

Als das Rhein-Neckar-Fernsehen, die ruhmreichste und tollste (weil einzige) regionale TV-Anstalt der Kur/Ried/Pfalz vor ein paar Jahren noch den Mut hatte, eine eigene Comedy-Show zu produzieren, gingen wir mit Kamera und Mikro durch die Heidelberger Fußgängerzone (Achtung Superlativ! Die längste Fußgängerzone Deutschlands) und interviewten ganz wild die Leute mit der Frage: „Haben Sie gewusst, dass das Heidelberger Schloss an eine chinesische Investorengruppe verkauft werden soll?" Die Reaktionen: Entsetzen, Skandal, Wut, Trauer, Empörung – vun wege. Die Antworten kamen eher schulterzuckend daher: „Ach, echt?!" Oder: „Okay ... interessant ..." Oder: „Ja und weiter?!" Ein paar lokale Teenies vermuteten sogar, dass die große asiatische Reisegruppe, die gerade neben uns unterwegs war, etwas damit zu tun haben könnte (siehe: www.youtube.com, Expedition Metropolregion 1).

Heidelberg

Es ist schon verrückt, die Leut ham sich halt inzwischen einfach dran gewöhnt, dass öffentliches Eigentum äfach so verscherbelt wird und erst wieder mit Steuergeldern zurückgekauft wird, wenn die Heuschreck nimmi fresse kann, weil'se bankrott is.

Ob die Reaktionen wohl groß anders ausgefallen wären, hätte die Frage gelautet: „Eine US-Investorengruppe wird das Schloss abreißen und Stein für Stein in Las Vegas wieder aufbauen mit Hotel und Spielcasino. Was meinen Sie dazu?" Mögliche Reaktionen: „Las Vegas is doch geil. Die ham ja sowieso kein Schloss in Mexiko." Oder: „Ah, okay. Dann können sie da oben auf dem Schlossberg endlich die Parkplätze erweitern. War ja echt kein Zustand!"

Heidelberg ist Mythos und Wunder und Symbol
Wie oft schon wurde ich im Ausland gefragt, wo ich herkomme. Mit der Antwort „Mannheim" oder „Kur/Pfalz" kommt man einfach nicht weit. Wenn man aber das sagt, was daheim

Auf dem Touristen-Laufsteg Alte Brücke.

fast schon eine Verbannung zur Folge haben kann: „It's near Heidelberg." – dann geht ein Leuchten der Erkenntnis über so manches farbige Kariben-Gesicht. „Do you know Heidelberg?" Aber na klar, jeder kennt Heidelberg. Und wenn er auch nicht weiß, was genau und wo genau das ist – man kennt es eben. Heidelberg ist Symbol für das Deutschland, das es schon lange nicht mehr gibt: kleine enge Gassen, viel Geschichte, Bratwurst und Bierseidel und Studenten-Romantik, Sauerkraut und Wein und German Gemuetlichkeit … Was letzteres ist, kann man am besten erfahren, wenn man sich an einem warmen Tag auf dem Platz vorm Rathaus und der Heiliggeistkirche einen Stuhl erkämpft hat und dann inmitten von Touristen aus Seoul, Ausflüglern aus Köln, eingeborenen Rentnern und US-College-Studenten um die Aufmerksamkeit einer überforderten litauischen Kellnerin buhlt, die ihr Stipendium mit einem unterbezahlten Job aufbessert. Das ist der wahre Internationalismus. Da fühlt man sich in seiner eigenen High-mat wie ein Tourist, zahlt willig 5,90 Euro für die Apfelsaftschorle und gibt Ludmilla „a very großzügig tip of 10 Euro ... or Cent ... can't remember".

Auf jeden Fall is ma als Kurpfälzer irgendwie schunn e bissel stolz uff Heidelberg, auch der gemeine Eingeborene, der wo nischt in Heidelberg wohne dut – schon alleine, um den Touristenströmen zu entgehen, die sich durch die (Achtung Superlativ!) engste Fußgängerzone Deutschlands drücken (ja, ich geb zu, wahrscheinlich ist es noch nie nachgemessen worden, aber so wie sich's meistens anfühlt, kann es nur die engste sein, uff jeden Fall!!!).

Sobald Besuch von Außergewärtisch kommt, NRW-Freunde, norddeutsche Verwandte, überseeische Geschäftspartner, dann geht's ab nach Highdelbörg, um den Duft der großen weiten Welt zu schnuppern. Un schunn werdd de Oigeborene ganz kotzmopolitisch. Schaut alle her: Heidelberg, die Weltberühmte, ist eine originale Kurpfalz-Metropole. Und doch ganz annerschd als alle anderen Städte und Orte und Weiler der Region. Heidelberg is halt famous all over the wörld, eine der meistbesuchten Städte Deutschlands, Pflichtprogramm für alle „Europe in one and a half days"-Touren aus Beijing, Osaka und Milwaukee. Und bei uns äfach vor der Haustür. Klischee-Stadt und Symbol für das „Good old Germany", das die Touristen von Übersee so dringend haben wollen.

Vielleicht ist es gerade deswegen von den alliierten Bombern im Zweiten Weltkrieg verschont geblieben. Wenn dem Comedyanten die Themen ausgehen, kann er hier in Ruhe wieder auftanken und Ideen sammeln und Stimmen auffangen. Man darf halt nur nicht mit Ohrenstöpseln da hocken, wenn die große weite Welt an einem vorbeizieht. So viele Menschen, so viele Geschichten, so viele Peinlichkeiten, so viel Gedees. Heidelberg ist Menschenbeobachtungs-Station und Verhaltensforschungs-Labor. Wie reagiert ein Chinese auf den Anblick des Schlosses? Was macht ein US-Amerikaner vorm Hotel Ritter? Was tut ein Afrikaner auf der Alten Brücke? Die mache alle's gleische. So unterschiedlich die Kulturen und die Menschen mit ihrer Zuvielisation auch sind, hier erliegt der moderne Mensch seinem digitalen Reflex: Kamera druff un schießen, was der Speicherplatz hergibt.

HD ist überschaubare Niedlichkeit und kosmopolitische Metropole zugleich. Das macht den Reiz aus. Denn Heidelberg ist nix anderes als die kleinste Weltstadt der Welt! (Ha, was en super Superlativ, odder?!) Hier eröffnete in den Achtzigerjahren das erste indische Restaurant der Region und behauptet auch heute noch seinen Platz bei all der Inflation von Exoten-Imbissbuden und Garküchen. Internationalistisch geht es auch sprachlich zu. Französisch, Ami-Englisch, Japanisch, Spanisch, Kantonesisch, Mandarin, Apfelsin, ... da ist alles dabei. Die einzige exotische Sprache, die etwas seltener zu hören ist, ist Kurpfälzisch. Die Eingeborenen haben sich rar gemacht, haben Reißaus genommen, sich verkrochen, so scheint's, in ihre Läden, ihre Büros, ihre Penthäuser nach Handschuhsheim und Ziegelhausen. Oder in die Aufpasser-Loge im Parkhaus am Uni-Platz, wo sie, bestens eingestellt auf internationale Klientel, multilingual rade-sprechen:

Selfie mit Schloss und Schlappgosch.

„*Sorry, Tschuldischung you do vorne, you must paypal on se automate-maschin, but sere is no chänge for a Hundred-Dollar-Schoi, underständ?! Pay to me änd everysing clear, underschtänd?! Alla, geht doch.*"

Ja, hier kann der Kurpfälzer beweisen, wie weltoffen und tolerant und kotzmopolitisch er ist und schon immer war. Denn schon immer wollten die Leut vun woannerschd do her kumme. Manche sind gar geblieben, als Besatzer und Beschützer: die Franzosen, die Preußen, die Amis. Manche ziehen glücklicherweise auch wieder ab. Da wird dann zwar offiziell politisch viel gepienst wegen den Arbeitsplätzen und den Schwierigkeiten mit der Konversion. Aber lieber e paar schöne Wohnquartiere und Parks, meinetwegen sogar e Bundesgarteschau, wenn's sei muss. Alles, nur ke Soldaten und

Stacheldraht und Barracks und Bsatzer-Bschützer üwwerall. Egal, wie viele Amis auch gehen – die NSA bleibt doch do, die sieht ma zwar net, aber genau des is jo des Problem ... Auf jeden Fall sind die Kurpfälzer immer sehr gastfreundlich. Sie babbeln gern fremde Sprachen, auch wenn sie sie net unbedingt perfekt können müssen (wollen). Kurpfälzer sind Naturtalente, wenn es um Fremdsprachen geht. Das fängt schon mit dem Hochdeutschen an, das die meisten Eingeborenen als erste Fremdsprache lernen (möchten). Das ist schwierig genug und noch schwierischer zu spreschen, aber in einer Kurpfälzer Gosch klingt es immer schön exotisch südländisch. Wobei es manche Leute gibt, die gerade deswegen mit ihrem Dialekt Schwierigkeiten haben, weil sie ihn nicht sprechen wollen. Das sind die Leute mit geschwollenen Lippen und einer breiten Gosch, die gerne Hochdeitsch babbelen möschden. Es aber nicht können tun. Will sagen: Sie versuchen mit aufgespritzten Lippenwulsten ihren Dialekt zu unterdrücken. Und raus kommt eine neue Gattung von Kurpfälzisch, eine eher lautprahlerische, breitmaulig-zischende Version, man könnt auch sagen, ein gestelztes Kur-Polzisch. Da zuhören zu müssen macht keinen Spaß. Es ist ja schon schwer genug, Dummgebabbel ertragen zu müssen, aber wenn das noch mit einem selbst gebastelten Sprachfehler kombiniert wird, dann fühlt man einen bösen Impuls reinzuschlagen, so viele Hände hat man gar nicht.

Dann schon lieber Englisch. Das klingt dann wenigstens so luschdisch, dass man's ertragen kann. Wer schon mal eine echte Touristenführung mitgemacht hat, der weiß, was isch mään. Mancher Tourguide spricht da eine Form von Englisch, die ziemlich, sagen wir mal, speziell ist. Es ist eine Art Mischform, also Kurpenglisch könnt man's nennen, also (Kur)Pälzer Englisch.

„*Hello and willcome hier in Heidelberg. How you know it's very famos, all over the Wörld. It is se original Capital of Romanticism in Germäny. So many famos Schriftstellers änd Poets have schwärmed about it, so mäny Männs and Womänns loose se Heart hier and never find it nimmi.*
Änd warum why is sät so? Because of se romantic atmosphere in se Gasse of se Old-Stadt and the River Neckar longsom-slowly flowing in his bed. And naturally up every fall: se Castle, se Heidelberg Schloss, gell?! You must make a looky-look up se hill änd you see se Heidelberg Castel do owwe. Se Castle has been kaputt for more thän 400 years odder so. It was the Frenchgickel, they rußed it together, you know. But a kaputte Castle is much more romanticistic thän a renovierte one. Thät's why all se Tourists come and staun and raun and click se camera. Heidelberg you feine, you are the schännschde, wonderfull-schde Metropole-Position in the Univörse. Brauchsch ke Brill, äh, needsch no glasses, odder?!“

erleben

entdecken

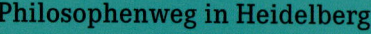

Philosophenweg in Heidelberg

168 Stufen zum atemberaubenden Blick

Wer, von der Altstadt kommend, erst die Alte Brücke und dann die L 534 überquert, der stößt gleich gegenüber auf den eher unscheinbaren, aber immerhin beschilderten, Eingang zum Schlangenweg. Der gemauerte und streckenweise links und rechts mit Moos überzogene schmale Gang mit seinem groben Kopfsteinpflaster erfordert einen langen Atem, denn er führt steil in zahlreichen Windungen und über insgesamt 168 Stufen hoch zum berühmten Philosophenweg. Von hier oben bietet sich dem Betrachter ein grandioses Panorama. Ihm zu Füßen liegen Heidelberg und der Neckar mit der Alten Brücke, dahinter die Heiliggeistkirche, gegenüber thront hoch oben das Schloss. In der Ferne schweift der Blick bis tief in die Rheinebene. Wendet sich der Besucher nach dem kräftezehrenden Aufstieg sogleich nach links, trifft er nach wenigen Metern auf eine gut erhaltene Kupferstichplatte mit dem Panorama-Blick auf Heidelberg „von Norden" des berühmten schweizerisch-deutschen Kupferstechers Matthäus Merian aus dem Jahre 1620. Präzise hat der alte Kartenmeister seine Beobachtung an dieser Stelle ins Kupfer gestochen. Auf dem weiteren Weg sind die Gebäude des Physikalischen Instituts der Universität zu finden und auch schön angelegte Gärten – eine Büste des romantischen Dichters Josef von Eichendorff ziert ein Gärtchen. Auch Hölderlin ist mit einem Stein vertreten. Der Schlangen- und Philosophenweg, die teuerste Wohnlage der Stadt, sind Teil eines beliebten Stadtrundgangs, zusammen mit Altstadt und Alter Brücke.

Bernhard May

Der zwei Kilometer lange Rundweg führt vom Heidelberger Stadtteil Neuenheim zum Heiligenberg und liegt dem Schloss direkt gegenüber. Der Aufgang befindet sich an der Alten Brücke.

Alter Marktplatz in Heidelberg

betrachten   genießen

Quirliges Leben inmitten altehrwürdiger Bauten

Romantisch. So abgegriffen das Wort klingt, es trifft es am besten. Der Alte Markt in Heidelberg nahe dem Neckarufer hat einfach Flair. Ein Blickpunkt ist das prächtige Rathaus am Kopfende des gepflasterten Platzes, den weitere erhabene Barockbauten säumen. Sie beherbergen schnuckelige Lädchen unter Arkaden mit einem bunten Sortiment, hübsche Cafés und kultige Kneipen, die vom lockeren Studentenleben zeugen. Und eigentlich ist es ganz gleich, zu welcher Jahreszeit man herkommt: Im Sommer locken kühle Getränke und kulinarische Genüsse an Tischen unter Sonnenschirmen, im Dezember machen die leckeren Düfte auf dem Weihnachtsmarkt Appetit. Er wartet mit schönem Kunsthandwerk und für eine Touristen-Metropole überraschend wenig Kitsch auf. Den Platz überragt die Heiliggeistkirche, die für sich genommen schon eine Reise wert ist: Aus dem roten Sandstein der Region erbaut, gilt das gotische Gotteshaus mit dem barocken Dach als „Bauwerk von hohem künstlerischem Rang". Der gefühlten Leichtigkeit beim Bummel tut die Besichtigung der altehrwürdigen Sehenswürdigkeit keinen Abbruch. Das schafft schon eher der Herkulesbrunnen, wenn man sich dessen Bedeutung bewusst macht: 1706 bis 1709 von dem Bildhauer Johann Martin Laub errichtet, erinnert er an die Herkulesaufgabe des Wiederaufbaus der Stadt nach dem Dreißigjährigen Krieg und dem Pfälzischen Erbfolgekrieg. Nur dank der Anstrengungen der damals wenigen verbliebenen Bürger ist die Heidelberger Altstadt das geworden, was sie heute ist: romantisch.

Gisela Huwig

Tourist Information
am Hauptbahnhof
69115 Heidelberg
Willy-Brandt-Platz 1
Fon 06221.5844444
touristinfo@heidelberg-marketing.de
www.heidelberg-marketing.de
www.heidelberg.de

Tourist Information im Rathaus
69117 Heidelberg
Marktplatz 10

Extras

Heidelberg gilt als Stadt der kurzen Wege. Dank der Bergbahn-Station am Kornmarkt, wo in kurzen Abständen Züge zum Schloss pendeln und die direkt um die Ecke liegt, können Schloss und Altstadt gemütlich ohne Auto erkundet werden.

betrachten   genießen   erfahren

**Botanischer Garten
der Universität Heidelberg**

Botanischer Garten
Universität Heidelberg
69120 Heidelberg
Im Neuenheimer Feld 340
Fon 06221.545783
http://botgart.cos.uni-heidel-
berg.de

Öffnungszeiten:
Mo - Do 9 - 16 Uhr,
Fr 9 - 14.30 Uhr,
So, Feiertage 9 - 16 Uhr
(Winterzeit), 10 - 17 Uhr
(Sommerzeit).

Kleine grüne Reise rund um den Erdball

Vom lichtdurchfluteten Buchenwald kommend, vorbei am Alpinum mit seiner Sammlung an Hochgebirgspflanzen wie der gewöhnlichen Kuhschelle oder dem blauen stängellosen Enzian, dann hinunter in die schattige Farnschlucht. Nach dem leichten Aufstieg den Weinberg rechts liegen lassen, dafür direkt in die Norddeutsche Heide abbiegen. Das Hochmoor mit dem insektenfangenden Sonnentau passieren. Zwischen Heidemoor und Binnendüne hindurch geradeaus die Ostasiatischen Stauden und Gehölze mit hohem Bambus und bezaubernden Kirschblüten ansteuern. Mitten hinein ins Laubbaum-Aboretum, vorbei an der chinesischen nachtduftenden Magnolie und weiter bis zur in Nordamerika beheimateten mächtigen Mähnen-Nutka-Zypresse! Ein Spaziergang durch den zwei Hektar weiten und bereits 1593 gegründeten Botanischen Garten der Universität Heidelberg ist eine – wenn auch kleine – grüne Entdeckungsreise rund um den Erdball. Die in den Gewächshäusern gleich nebenan (die Hälfte der rund 4.000 Quadratmeter sind öffentlich begehbar) noch eindrucksvoller fortgesetzt wird. Zu bewundern sind unterm hohen Glasdach Riesen-Seerosen aus dem Amazonas-Gebiet, deren Blätter in der freien Natur bei einem Durchmesser von bis zu vier Metern ein Gewicht bis zu 60 Kilogramm aushalten. Echte Dschungel-Atmosphäre vermitteln tropische Baumfarne, blühende Orchideen, Bananen, Bromelien, Riesenbambus, Papayabäume, Bananen- und Kakaopflanzen. Und nicht nur Liebhaber des Exotischen geben sich hier, im Immergrün, ganz in Weiß das Ja-Wort.

Christian Roskowetz

Bergfriedhof in Heidelberg

betrachten   erfahren   entdecken

Naturnah, friedlich und still

Verschlungene Pfade, uralte Gehölze, geheimnisvolle Figuren, in Stein gemeißelte Liebe. Und mittendrin Ruhebänke, damit man sich diese Mystik in Ruhe betrachten kann: Der Heidelberger Bergfriedhof, eine der schönsten Ruhestätten Deutschlands, lädt zum Innehalten und gedankenverlorenen Spazieren ein. Eingebettet in den Ausgang einer Talschlucht, breiten sich die fast 15 Hektar vom steilen Hang in die Ebene der Stadt hinein aus. Ganz oben bieten äußerst schmale Terrassen nur wenigen Gräbern Platz. Treppen und Wege, zusammen mehr als 20 Kilometer lang, führen in die verschiedenen Bereiche – zum jüdischen Teil, zur Kapelle, zum klassizistischen Krematorium und zu den hier bestatteten berühmten Persönlichkeiten wie Reichspräsident Friedrich Ebert, Techniker Carl Bosch, Soziologe Max Weber, Komponist Wilhelm Furtwängler und Dichterin Hilde Domin. Doch die eigentliche Faszination geht von der gepflegten Wildheit des 1844 in den Hang gebauten Parks aus. Zwischen den verwitterten Kreuzen, seltenen Sträuchern, verwunschenen Bäumen und auch ganz frischen Gräbern macht sich zu jeder Jahreszeit eine wunderbare Ruhe breit. Die ausgestrahlte Würde ist schier greifbar. Ein Eichhörnchen beäugt neugierig die Eindringlinge in sein viele Verstecke bietendes Reich; ansonsten fühlt man sich meist unbeobachtet auf dem unübersichtlichen Areal, das auf ganz wunderbare Weise ermöglicht, still seinen Gedanken nachzuhängen.

Tobias Grauheding

Bergfriedhof Heidelberg
69115 Heidelberg
Steigerweg 20
Fon 06221-58280-20, -50 oder -80
landschaftsamt@heidelberg.de
www.via-monumentum.de

Öffnungszeiten:
Geöffnet ist der Bergfriedhof
immer, er darf aber nur
bei Helligkeit betreten werden.

Extras

Das Heidelberger Landschafts-
und Forstamt bietet einmal im
Monat Führungen an. Wer sich
selbstständig auf den Weg
machen will, bekommt am
Haupteingang einen Faltplan
mit interessanten Grabstätten
und kann vier ausgeschilderten
Routen folgen.

erleben

entdecken

Bergbahn zum Königstuhl

Abgefahren auf Nostalgie

Das Signal ist schrill und kurz. Dann zockelt die historische Heidelberger Bergbahn vom erhabenen Gipfel des Königstuhls los, steil bergab in Richtung Neckar. Der Waggon holpert, wackelt und knirscht. Der Schaffner, dem die Gäste im untersten Abteil der historischen Heidelberger Bergbahn bei der Fahrt über die Schulter schauen können, schmunzelt: „Immerhin ist schon 107 Jahre lang nichts passiert ..." Sein Vertrauen in Ehren – angesichts der Fakten: Bis zu 43 Prozent Gefälle muss die kombinierte Drahtseil- und Zahnradbahn auf ihren 1,5 Kilometern überwinden. Und ihre Ursprünge reichen immerhin ins Jahr 1873 zurück! 1890 wurde der erste Abschnitt von Heidelberg bis zur Station Molkekur eröffnet, 1907 das obere Stück bis zum Königstuhl, das nach Betreiberangaben aus der Strecke die heute bundesweit längste macht. Hier pendeln noch zwei historische Bähnchen wie anno dazumal auf und ab, begegnen sich dabei stets an einer Stelle, wie von Zauberhand geführt an der einzigen, an der die Schienen auch eine Ausweichmöglichkeit bieten. Ein erhabenes Gefühl ist die Fahrt trotzdem. Und spätestens, wenn es an der Station Molkekur gilt, in die futuristisch silberfarbenen neuen Züge mit der Panoramaverglasung umzusteigen, die zur Altstadt pendeln, freut man sich irgendwie schon wieder auf den nostalgischen Rückweg. Immerhin war beim näheren Studium der Fakten auch zu erfahren, dass die alte Oberbahn vor wenigen Jahren komplett renoviert worden ist. Nur äußerlich ist noch alles ganz wie früher.

Gisela Huwig

Heidelberger Straßen- und Bergbahn GmbH
69115 Heidelberg
Kurfürsten-Anlage 42-50
Fon 06221.513-2150
www.bergbahn-heidelberg.de

Extras:
Die Heidelberger Bergbahn fährt ganzjährig. Mit der Bergbahn erreicht man auch das Märchenparadies (Seite 180).

Alte Brücke in Heidelberg

Ein romantischer Platz für Verliebte

Die Alte Brücke ist gar nicht die alte Brücke. Sie hatte bereits acht Vorgängerinnen, deren erste 1288 durch schweren Eisgang zerstört wurde. Dieses Schicksal ereilte auch die meisten Nachfolgerinnen, wenn sie nicht gerade von fremden oder auch eigenen Truppen gesprengt wurden. Heute trotzt das 1788 unter Kurfürst Karl Theodor vollendete Bauwerk winterlichen Fährnissen und ist ganzjährig ein beliebter Treffpunkt für Touristen. Zentral in der Altstadt gelegen, führt der Weg direkt hinter der Heiliggeistkirche zum markanten Eingangstor der Brücke mit den charakteristischen barocken Mützen auf beiden Türmen. Eine Inschrift über dem Durchgang erinnert an die „heldenmütige und siegreiche" Verteidigung durch österreichische Regimenter unter dem Kommando von Fürst Schwarzenberg gegen französische Revolutionstruppen 1799. Statt feindlicher Heere belagern heutzutage ganze Trupps von Japanern den Übergang von der Altstadt zum gegenüberliegenden Ufer des Neckars. Kein Wunder, hat man von hier aus doch einen wunderbaren Blick auf Alt-Heidelberg und das Schloss. Aber auch die Liebenden treffen sich gerne hier und hinterlassen als Zeichen ihrer Verbundenheit zahllose Schlösser in den unterschiedlichsten Größen, die sie am Brückenkörper befestigen. Überquert man die Brücke, führt der Weg geradewegs hoch zum Philosophenweg in Neuenheim mit einem noch schöneren Blick auf Stadt, Land, Fluss.

Bernhard May

Offizieller Name:
Karl-Theodor-Brücke
Nutzung: überwiegend
als Fußgängerbrücke
Überquert: den Neckar
Wird unterquert: von der B 37
Konstruiert: als Bogenbrücke
Gesamtlänge: 200 Meter
Breite: 7 Meter
Fertigstellung: 1788
Architekt:
Bauinspektor Mathias Mayer
Baukosten: 165.282 Gulden
Bauherr: Kurfürst Karl Theodor

erleben

erfahren

entdecken

Explo in Heidelberg

Explo Heidelberg
69120 Heidelberg
Im Neuenheimer Feld 582
(im Technologie-Park)
Fon 06221.7282346
www.explo-heidelberg.de

Öffnungszeiten:
Für Kinder, Familien und Ein-
zelbesucher (ohne Anmeldung):
Fr, Sa, So 13 - 18 Uhr.

Extras
Der Ausstellungsbereich
„Nach den Sternen greifen"
kann nur unter Anleitung
besucht werden, ob und wann
dies für Einzelbesucher möglich ist, telefonisch erfragen.
Weitere Besuchszeiten nach
Vereinbarung für Gruppen
und Kindergeburtstage, für die
auch Workshops buchbar sind.

Astronomie zum Anfassen

Der erste Gedanke: Ich wusste, dass es hier dunkel ist, aber
so dunkel? Nirgends der kleinste Lichtschimmer. Der zweite Gedanke: Kneifen gilt nicht. Vorsichtig taste ich nach
einem Stuhl, setze mich und folge damit der Anweisung
von Petra Mohr. Ihre Stimme leitet mich und meine Finger
übernehmen die Aufgaben, die sie mir stellt. Ich ertaste die
Abstände zwischen Planeten und einiges mehr: Astronomie
zum Anfassen. „Diese Sonderausstellung wurde hier im Explo Heidelberg entwickelt", erzählt die Leiterin der interak-
tiven Ausstellung. Zu den Gästen im Dunkelraum gehören
nicht nur Schulklassen und private Besucher. Auch Firmen
nutzen das ungewöhnliche Angebot für Teambildungsmaß-
nahmen. Wer möchte sich auch nicht auf seine Kollegen
blind verlassen können ... Aber natürlich gibt es im Explo
(Abkürzung für Exploratorium) auch etwas zu sehen. Wenn
die Ausstellung im Vergleich zu bekannteren Science Cen-
tern auch eher klein zu nennen ist, vergeht die Zeit wie im
Flug: Kinder lassen Sandkörner tanzen und machen damit
Schwingungen sichtbar, Papa, der sich in einen Holzkasten
gesetzt hat, scheint plötzlich verschwunden, Mama wirft
bunte Schatten. Hier können Kindergeburtstage gefeiert
oder im Techniklabor Workshops besucht werden. Und im
Lernlabor finden Schüler und Lehrer interessante Angebote
zur Molekularbiologie.

Martina Sema-Weiß

Halle 02
Heidelberg

Einiges ist 2014 passiert rund um die Halle 02 in der Heidelberger Bahnstadt – Gebäudeteile wurden umgebaut, ein neues Kultur- und Veranstaltungszentrum wurde geplant. Die Betreiber wollen durch die Sanierung ihre Zielgruppe noch erweitern und neben Partys für Schüler und Studenten auch ein älteres Publikum mit einem breiteren Spektrum an Lesungen und Konzerten ansprechen. Ziel war es, bis zur Jahresmitte 2014 den Umbau abzuschließen und bis dahin das Programm ohne Unterbrechung weiterlaufen zu lassen.

69115 Heidelberg
Zollhofgarten 2
Fon 06221.3389990
kontakt@halle02.de
www.halle02.de

Kulturhaus
Karlstorbahnhof
Heidelberg

Konzerte, DJ-Events, Vorträge, Theater, Kino und Veranstaltungen von Kleinkunst bis Comedy – der Karlstorbahnhof ist zu einem Umschlagplatz der Kultur geworden. Rund 100.000 Besucher finden jedes Jahr den Weg in den großen Saal, den Theatersaal oder den Gumbelraum des abwechslungsreichen Kulturhauses.

69117 Heidelberg
Am Karlstor 1
Fon 06221.978911
info@karlstorbahnhof.de
www.karlstorbahnhof.de

Heidelberger
Studentenkuss

Die Nasenspitzen berühren sich schon fast – nur noch ein kleines Stück und der erste Kuss zwischen dem Studenten und der jungen Dame ist geschehen. Der berühmte Scherenschnitt ziert eine der süßesten Versuchungen von Heidelberg. Chocolatier und Konditormeister Fridolin Knösel erfand 1863 die kleine Versuchung aus Nougat, Waffelboden und Zartbitter-Couverture, mit der damals die Herren um die Gunst ihrer Herzensdame buhlen konnten. Bis heute wird das Konfekt von dem traditionsreichen Café Knösel hergestellt.

69117 Heidelberg
Haspelgasse 16
Fon 06221.22345
knoesel@t-online.de
www.studentenkuss.com

Öffnungszeiten:
Mo - So 11 - 19 Uhr.

Thingstätte Heidelberg

Die Freilichtbühne wurde während der Zeit der Nationalsozialisten auf dem Heiligenberg errichtet und sollte an ein Theater aus der Antike erinnern. Das Gelände mit 56 Zuschauerreihen verfiel in der Nachkriegszeit zunehmend und steht mittlerweile unter Denkmalschutz. Was früher als Propagandastätte geplant war, ist heute eine Bühne für Open-Air-Konzerte. Auch in der Walpurgisnacht zum 1. Mai zieht der Ort alljährlich viele Menschen zum Feiern an.

69121 Heidelberg
Auf dem Heiligenberg

Schlosshotel Molkenkur Heidelberg

Eine herrliche Aussicht, viel Tradition und eine hervorragende Küche – das Schlosshotel Molkenkur verwöhnt die Sinne seiner Gäste. Oberhalb des Heidelberger Schlosses gelegen, lässt es sich bequem mit der Bergbahn erreichen. Früher beschränkten sich die gesundheitsbewussten Gäste in der ehemaligen Kuranlage auf das Fasten. Heute bietet das 1851 erbaute Hotel mit Restaurant und Café Köstlichkeiten und Platz für Feiern, Tagungen und Konferenzen.

69117 Heidelberg
Klingenteichstraße 31
Fon 06221.654080
info@molkenkur.de
www.molkenkur.de

Öffnungszeiten:
bis April:
Mi - Do ab 15 Uhr,
Fr - So ab 12 Uhr;
ab April:
Mo - Do ab 15 Uhr,
Fr - So ab 12 Uhr.

Uni Heidelberg mit Marstallhof

Rund 30.000 Studenten legen derzeit an der ältesten Universität Deutschlands die Basis für ihre berufliche Zukunft. Die 1386 von Kurfürst Ruprecht I. gegründete Uni genießt weltweites Ansehen. Das Universitätsmuseum bietet einen Einblick in die lange Geschichte der Bildungsstätte. Sehenswert ist die prächtige Alte Aula. Auch die Zeichnungen und Sprüche, die Studenten während ihrer Bestrafung im Karzer von 1778 bis 1914 hinterlassen haben, sind zu besichtigen.

Universitätsmuseum
69117 Heidelberg
Grabengasse 1
Fon 06221.543593
www.uni-heidelberg.de

Studentenkarzer
Augustinergasse 2
Fon 06221.543554

Öffnungszeiten:
April - Okt Di - So 10 - 18 Uhr,
Nov - März Di - Sa 10 - 16 Uhr;
Mo geschlossen.

Jazzclub Cave 54 Heidelberg

In den Kellergewölben des Clubs gaben sich schon Jazz-Legenden wie Louis Armstrong, Dizzy Gillespie und Ella Fitzgerald die Ehre. Deutschlands ältester Studenten-Jazzclub wurde 1954 gegründet. Seit mehr als einem halben Jahrhundert schätzen Besucher die Nähe zu den Musikern und die gemütliche Atmosphäre. Nach einer längeren Pause finden auch wieder regelmäßig „Jam-Sessions" statt.

69117 Heidelberg
Krämergasse 2
Fon 06221.27840
info@cave54.de
www.cave54.de

Öffnungszeiten:
Di - Do 22 - 3 Uhr,
Fr - Sa 22 - 5 Uhr; Einlass bei Konzerten: 20.30 Uhr.

Stadtführungen Heidelberg

Die romantische Altstadt, das Heidelberger Schloss oder die Alte Brücke über den Neckar – Heidelberg ist berühmt und weltweit bei Touristen beliebt für seine Sehenswürdigkeiten. Doch welche Geschichten hinter diesen Orten stecken und welche schönen Ecken die von den Bomben des Zweiten Weltkrieges verschonte Stadt noch zu bieten hat, erfährt man am besten bei einer Stadtführung: zu Fuß, mit dem Bus oder per Segway-Roller.

Tourist Information
am Hauptbahnhof
Willy-Brandt-Platz 1
69115 Heidelberg
Fon 06221.5844444
touristinfo@heidelberg-marketing.de

Öffnungszeiten:
April - Okt: Mo - Sa 9 - 19 Uhr,
So und Feiertage 10 - 18 Uhr;
Nov - März: Mo - Sa 9 - 18 Uhr,
So und Feiertage geschlossen.

Tourist Information
im Rathaus
Marktplatz 10
69117 Heidelberg

Öffnungszeiten:
Mo - Fr 8 - 17 Uhr,
Sa 10 - 17 Uhr,
So und Feiertage geschlossen.

Mittendrin und doch ganz weit weg von allem! Hier oben ist es so schön und ruhig, dass man es eigentlich gar nicht weiter erzählen dürfte. Es ist als ob man schwebte, oberhalb der Touristenströme, ganz oben auf dem Berg mit Festung, mittelalterlichen Gassen, Schokoladenlädchen, urigen Gaststätten und einer Abgeschiedenheit, die es einem schwer macht, wieder runter zu fahren ins Tal zu den Massen ... Aussicht: wie ein Geschenk. Der Neckar, in schönen grünen Schleifen, schlängelt sich durchs Tal. Comedyantische Recherche-Möglichkeiten: einige, wenn man lange genug wartet, bis die Touristen den Weg gefunden haben, und dann die Aussicht nicht so richtig genießen können, weil sie die ganze Zeit rätseln, wo denn jetzt eigentlich Heidelberg liegt.

Lieblingsplatz:
Dilsberg im Neckartal

Mannheim

Schlechtes Leumaul, großi Gosch

Mannheim extrem. Es gibt Leute, für die ist es die unattraktivste Stadt gleich hinter Wuppertal, Bottrop und Bitterfeld. Es soll aber auch solche gegeben haben, die behaupten, Mannheim wäre nichts anderes als die auserwählte Stadt, das moderne Zion. Dementsprechend gibt es immer auch zwei Arten von Mannheim-Beschreibungen. Die einen sind die, die alle negativen Klischees wiederkäuen, die seit Jahrzehnten bewährten Stereotype beschreiben, sich auf die industrielle Struktur der Stadt, ihre relativ geringe Größe und ihren Ruf einschießen, um dann festzustellen, dass alles genau so ist und noch viel schlimmer. So wie die Süddeutsche Zeitung dereinst über einen Comedyanten namens Habekost schrieb: „Er kommt aus Mannheim, was nicht unbedingt gegen ihn spricht." Das klingt fast schon ein bisschen wie „Was kann aus Mannheim schon Gutes kommen?". So wie damals aus

Nazareth ... und schunn sin ma bei de Bibel und dem Messias. Und der zweiten Art, über Mannheim zu schreiben: als entrüstete lokalpatriotische Verteidigungsrede gegen alle bösen Besserwisser, konstruiert und aufgerüstet mit einem gewaltigen Arsenal an Superlativen, die irgendwann aber peinlich wirken, weil sie zwangsläufig als „zweit" oder „eines der" Zweite-Klasse-, Silbermedaillen-Superlative daherkommen.

Mannheim hat auf jeden Fall ein Superlativ zu bieten, das wirklich einzigartig ist. Es ist wahrscheinlich die (von außen!) am meisten unterschätzte Stadt Deutschlands, wenn nicht des Universums. Die Stadt mit dem schlechtesten Leumaul überhaupt, gerade weil die Leut dort immer so e freschi Gosch hawwe.

Stereo-type, Kli-schee, Kli-hässlisch
Der Schreiber dieser Zeilen ist in Mannheim aufgewachsen. Das bedeutet, dass man Zeit seines Lebens ein gewisses Verbundenheitsgefühl behält. Vielleicht hat man deswegen sogar

dieses ausgeprägte Gerechtigkeitsempfinden entwickelt. Weil man immer wieder seinen Geburtsort verteidigen musste gegenüber irgendwelchen uffgebloosenen, iwwerkandidelten un arroganten Naserümpfern.

Kein Münchner, kein Stuttgarter, kein Frankfurter wird Probleme haben, klar zu sagen, aus welcher Stadt er stammt. Sogar ein Dortmunder wird – wenn nicht wegen der Stadt, so aber wegen seinem sympathischen Fußballclub – keine Schwierigkeiten haben zu sagen, wo er herstammt (trotz dem ätzenden gelben Trikot). Wenn aber ein Mannheimer nach seiner Herkunft gefragt wird, dann fühlt er sich immer wieder genötigt, noch ein paar Erklärungen hinterherzuschieben.

„Aus Mannheim. Aber ... die Stadt ist viel besser als ihr Ruf, wirklich! ... da geht unheimlich viel ab, gerade in letzter Zeit ... man muss halt mal da wohnen ... Lebensqualität, Region, ... äh ..." Nützt alles nix. Mannheim von außen ist immer Stereotyp und Industrie und hässlich und stinkt und graue Maus.

Egal, wie viele Naidoos und Herbergers da noch kommen und Zion nach Mannem-Vogelstang verlegen, egal, wie viele Popakademien und wie viele SAP-Arenen noch eröffnen, egal, wie viele Imagekampagen und Metropolregion-Aktionen hoch zwei im Quadrat es gibt – die Außenwelt will Mannheim einfach so sehen, wie es das Klischee (Kli-hässlich!) nun mal bestimmt. Offensichtlich braucht man in jedem Bereich jemanden, der uff de Kopp kriggt, wie saacht ma heut, der gedisst werden kann, damit sich die anderen besser fühlen können.

Vielleicht ist es aber auch ein abgekartetes Spiel, eine Verschwörung der Schwaben, die Milliarden für einen tiefergelegten Bahnhof ausgeben und dann doch immer noch und immer wieder in Mannheim umsteigen müssen. Dann stehen sie auf dem schön zugigen Mannheimer Bahnsteig und lassen ihren Frust über die Deutsche Bahn an dem arme unschuldische Städtchen Mannem aus. Dabei sind sie nur neidisch auf unseren oberirdischen Tageslicht-Bahnhof, unser breites Flusstal und die lockere lebenslustige Art der Eingeborenen. Und auf die vielen Brücken, auf denen man luftig obenauf viel lieber im Stau steht als in ihrm verbaute Talkessel.

Outing

Es ist immer eine Art von „Outing", wenn man frei heraus sagt, dass man aus Mannheim kommt. Also so ein richtiges unangenehmes Bekenntnis. Net erst, wenn der homosexuelle Fußballspieler nach Beendigung seiner aktiven Laufbahn aus sicherer Deckung heraus ein Interview gibt und danach mit Lob und Hudelei überschüttet wird. Nix, nix. Des Mannheim-Bekenntnis ist ein richtiges Geständnis. So, wie wenn der Bub und des Mädel in der Schul ihre ersten hormonellen Schwankungen spüren. Und sie lädt ihn dann ein zu sich nach Hause zum Gameboyspielen. Und auf einmal fängt der Bub an zu stammeln: „Äh ... isch muss dir was saache. Du musch wisse: Isch bin e bissel pervers. Isch ... les Büscher!"

So ähnlich ist das auch, wenn man einem Fragesteller aus Norddeutschland seine Kurpfälzer Herkunft (v)erklären muss. Und dann merkt man auf einmal, wie bei dem so ein kleiner Schimmer von Mitleid über die Netzhaut huscht. Und dann heißt es ganz jovial: „Ach Mannheim ... naja, man kann sich's halt nicht aussuchen, nichwahr?!"

Na gut, ich geb zu, manchmal gibt's auch andere Reaktionen, an denen man dann merkt, dass sich imagemäßig schon ein bissel was getan hat. Dann schlägt der gut informierte Außergewärtige plötzlich wohlwollende Töne an und fragt: „Ach Mannheim, jaja. Sind Sie denn auch einer von diesen Söhnen da?" Mitgehangen, schon befangen.

Strandurlaub in Mannem.

Als Mannheimer hat man's schwer. Auch und gerade im eigenen Bundesland. Da gibt's direkt nebendran das viel kleinere
Heidelberg, das aber Weltruhm genießt. Und ein paar Kilometer südlicher das verbeamtete Karlsruhe mit Bundesver-
fassungsgericht und anderen Wichtig(tuer)keiten, das sich
jetzt auch noch aufschwingt, zweitgrößte Stadt in Ba-Wü sein
zu wollen. Und den Trollinger-Talkessel haben wir schon erwähnt. Da werden die armen Eingeborenen an der nördlichen
Grenze des „Ländles" gerne vergessen. Ein schweres Los.

Was für ein Glück für die armen gebeutelten, unterdrü-
ckten und ungerechterweise bemitleideten Mannheimer, dass
es noch Ludwigshafen gibt, nur durch drei Brücken getrennt.
Ach wie gut, dass man da rüber und runter gucken kann
und sich dabei besser fühlt. Psychologisch ist das zwar ein
ziemlich durchsichtiges Manöver, es funktioniert aber immer
wieder. Wenn die Leit denke, du bisch der Depp, dann such

dir enner, wo noch en größere Depp is wie du – un schunn fühlsch disch nimmi so dappisch. Was ein Glück, dass auch die linksrheinischen Pfälzer von ein und derselben coolen Selbstbewusstlosigkeit beseelt sind wie die Kurpfälzer. Denn auch LU hat weit mehr zu bieten, als man es von außen sehen will – genau wie MA. Und deswegen sind die beiden auch Schwesterstädte, aneinandergekettet durch Hassliebe, Rhein-auen, Ausblicke und marode Hochstraßen-Konstruktionen, zusammengehalten durch ihr kur/pälzisches Gebabbel und die Region, wo die Polen in die Metro gehen.

Superlativer Lob-Huddel

Aber eigentlich ist es auch wieder völlig egal. Was kümmert es uns, was die annere denke. Jeder, der Mannheim näher kennt, weiß es ohnehin besser. Und wer Mannem noch näher kennt, als nur ab und zu dort einzukaufen oder abends auf die Piste zu gehen, der weiß, dass diese Stadt alles zu bieten hat, was jede große Metropole auch hat, nur eben auf etwas kleinerem Raum und mit gemütlicherem Umfeld – und des-wegen auf lebenswertere, einfachere Art. Alla, simmer schon mittedrin im Lob-Huddel. Warum aa net.

Allein schon die Geschichte der Stadt. Dereinst wurde Mannheim das „Florenz des Nordens" genannt (oder war's annerschderum: Florenz, das Mannheim des Südens?), mit Mozart un Schiller un Glamour un Barock-Hype un Mann-heimer Schule un Theater un Quadrate un Architekte un berühmt un begehrt un eine echte Metropole, die man gese-hen haben musste. Mit einem der größten Barockschlösser der Welt – damals fing's schon an mit den Superlativen. Und bis heut überschlagen mir uns gern mit solche Lative, wo so super sin. Und wenn net „größter", dann zumindest „einer der", auf jeden Fall aber „schönster" ... weil des kann sowieso kenner nachweise.

Was gibt's noch? De schännschde Wochenmarkt ham die Mannemer auf jeden Fall, mit unendlichen Recherche-Möglichkeiten für Mundart-Comedians und andere Ethnologen: ein Bummel durch Stände mit Kurpfälzer Witze-Erzählern und türkischen Olivenverkäufern, Pälzer Grumbeer-Folkloristen und griechischen Schafskäse-Spezialisten. Vor dem Standesamt mischen sich plötzlich Hochzeitspaare mit Gemüselieferanten und bekopftuchten Dutte-Trägerinnen. Da merkt man erst mal wieder, wie schää de is, dass Mannem inmitten der Kur/Pälzer Agrar-Provence liegt.

Nächstes Superlativ: eine der vielfältigsten und multikulturellsten Städte überhaupt. Mit Stadtteilen, die unterschiedlicher nicht sein könnten: von alten eingemeindeten Dörfern wie Neckarau und Straßenheim bis zu den berühmtberüchtigten Arbeiter-Stadtteilen des Nordens, Waldhof, Schönau (schää wär's) und Sandhofen (wir dürfen nur nicht den Sand in den Kopf stecken!). Dann in der City die von Immigranten geprägte Westliche Unterstadt (Filsbach), bei der man im Sommer auf exotische Geruchs-Safari gehen kann. Gegenüber gleich der Jungbusch mit hippen Auffrischungen wie Popakademie und Musikpark und Beachbars am Hafenwasser. Und beides liegt nur ein, zwei Kilometer entfernt von der Pracht des Friedrichsplatzes mit Wasserturm und Arkaden und französischem Bistro und Rosengarten und Kunsthalle. Wenn man hier im Sommer auf der Wiese liegt und umgeben ist von Wasser und Fontänen und Jugend und Stil, dann weiß man: In D-Land gibt's ken schäänere Platz. Un wenn doch, dann isses geloge.

Ha! Und der Luisenpark erst. Do is de klääne Chako, wie er in de Schwetzinger Vorstadt aufgewachse is, damals schon im Sandkaschde rumgedappt. Der Slogan, mit dem heute geworben wird, beinhaltet zwar wieder das unvermeidliche Superlativ: „Eine der schönsten Parkanlagen Europas". Uff

MA von seiner schönsten Seite.

jeden Fall „eine der ..." – des kann so falsch net sein, gell?!
Aber diesmal stimmt's wirklich. Ganz ehrlich. Klar ist der
Englische Garten in München großartig (dessen Anlage die
Münchner übrigens dem Kurpfälzer Fürst namens Karl Theo-
dor zu verdanken haben) und der Tiergarten in Berlin und
der Hyde Park in London und wo ma noch so üwwerall parkt.
Aber der Luisenpark ist halt net nur Park, sondern auch noch
Zoo, Aquarium, Pflanzenschauhaus, Flamingo-Flaniermeile,
Enten-Entertainment-Schauplatz, seilgezogene Gondeln auf
dem Teich und Grillstationen, an denen die Eingeborenen
nächtelange Gelage feiern. Und die Seebühne ist ein echter
Open-Air-Abenteuer-Spielplatz, wo die Bühne kein Dach hat,
dafür aber von Wasser umgeben ist. So mancher Comedian
musste hier schon mit nicht geplanten Lachern des Publikums fertig werden, weil das Quaken der Enten um ihn herum lustiger war als er selbst.

Quadratisch, praktisch, chaotisch

Die Mannheimer selbst wissen, dass ihre Stadt die tollste Stadt des Universums ist. Lass dir von ihnen mal erklären, wie das weltweit nun wirklich einzigartige System der Quadrate in der Innenstadt funktioniert. Wir haben mit dem Rhein-Neckar-Fernsehen zahlreiche Eingeborene interviewt, und der Komikfaktor der Erklärungen war immer höher als der Informationsgehalt (zu sehen ist das Ganze in zwei Folgen auf www.youtube.com/watch?v=iraKIj3EEMI, „Mannheims Quadrate" und auf www.youtube.comwatch?v=LlBzHSRvY50, „Mannheims Quadrate 2"). Dabei sieht man auch: Die Mannheimer verlieren so gut wie nie ihren Humor und ihre Selbstironie – egal, wer ihnen ans Bein pinkelt oder an die Ehre will oder sonst was machen wollte. Wer innerhalb der Grenzen dieser Stadt geboren wurde, der wurde, so sagt man, mit Mannemer Hafenwasser getauft. Das heißt, der ist dann automatisch „mit allen Wassern gewaschen", an dem tropft alles andere äfach ab.

Dazu gehört, dass das einzigartige Mannheimer Gebäck „Dreck" heißt (und doppelt so gut schmeckt wie alle Nürnberger Lebkuche zamme!). Und dazu gehört auch, dass das Mannheimer Original de „Blummepeter" ist, ein kleinwüchsiger, intellektuell leicht beschränkter Blumenverkäufer („Kaaf mer ebbes ab!"), der Zeit seines Lebens immer wieder in der Psychiatrie wohnen musste und dortselbst in Wiesloch während der Naziherrschaft 1940 starb. In dieser Person spiegelt sich viel von der Mannheimer und Kurpfälzer Mentalität wider. Bloomaul, schlagfertiger Underdog, Anti-Held. So enner wird Mannemer Identifikationsfigur – wenn des net cool und selbstbewusstlos is, hä?! Diese Blummepeter-Mentalität inspiriert auch den Comedian. So manche Sprüche und Anekdoten, die sich um den Blummepeter ranken, zielen mitten ins Schwarze der Kurpfälzer Mentholität. Bestes Beispiel dafür ist der Abzug der US-Armee aus der Kurpfalz. Politiker und „Verantwortliche" der Region ham gejammert und gepienst, sind sogar nach Washington geflogen, um dort unwürdig zu betteln. Was hätt der Blummepeter gemacht? Der hätt gelacht und sein berühmtes Gedicht losgelassen:

Middags spät, so gege drei
Fallt en Ami in de Rhei
Is schunn ziemlisch am Versaufe
„Help me! Help me!" hört man'n schnaufe
Uff de Brück hört des Gezeter
Aa de Mannemer Blummepeter
Seller kreischt von owwe runner:
Kreisch doch net so üwwerschwänglisch!
Hättschde Schwimme glernt statts Englisch.

betrachten   erfahren   entdecken

Quadratestadt Mannheim

Die Quadratur des Wissens

Quadratestadt heißt das Synonym für Mannheim, weil der Stadtkern in Häuserblöcke und nicht in Straßenzüge aufgeteilt ist. Wer damit seine Probleme haben sollte, kann sich im Museum Zeughaus der Reiss-Engelhorn-Museen (rem) das Verständnis quasi erlaufen. Im dritten Obergeschoss findet man zahlreiche Informationen zur Stadtgeschichte, die auf einem überdimensionalen Stadtplan in den Quadraten platziert sind. Hier wird Stadtgeschichte nicht chronologisch aufbereitet, sondern anhand von Informationen, die den Charakter der Stadt ausmachen. In elf Themenbereichen richtet sich schlaglichtartig der Blick auf Mannheimer Besonderheiten. Es versteht sich von selbst, dass dazu auch das Thema Quadrate selbst gehört. Nicht nur auf dem Boden. So gibt es neben historischen Plänen unter anderem – digital animiert – die Grundrisse der In-nenstadt von 1622, 1633, 1799, 1813, 1875 und 2005 zu betrachten. Immer wird deutlich, dass fast kein Quadrat quadratisch ist. Viele sind rechteckig oder trapezförmig. Gemeinsam haben sie jedoch alle, dass Buchstaben und Zahlen die Straßennamen ersetzen. Selbst ohne Stadtplan kann man sich so orientieren. Die Quadrate werden vom Schloss aus betrachtet in westliche Richtung mit A bis K bezeichnet, in östliche mit L bis U. Die Quadrate mit der Nummer 1 – also etwa A 1 und B 1 oder L 1 und M 1 liegen an der Breiten Straße, der Sichtachse zwischen Schloss und Neckar. Im Museum oder auch am Stadtplan kann man sich dies ganz einfach verdeutlichen.

Michael Dostal

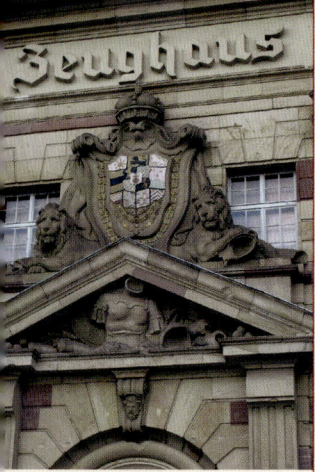

Reiss-Engelhorn-Museen
Museum Zeughaus
68159 Mannheim
C 5
Fon 0621.2933150
www.rem-mannheim.de

Öffnungszeiten:
Di - So 11 - 18 Uhr,
Mo geschlossen.

Planetarium in Mannheim

betrachten   erfahren

Perfekte Illusion

Bunte Muster rotieren, verdichten sich zu einer Röhre, die mit Macht hineinzieht. Höher und höher steige ich gefühlt mitsamt meinem Sessel in diesem Aufzug, der nur durch die Projektion von Bildern auf der Kuppel rundum erzeugt wird. Das Intro des Pink-Floyd-Songs „Welcome to the Machine" in sattem Sound unterstützt die Illusion. Keine Frage: Die „Wish You Were Here"-Show im Mannheimer Planetarium ist eine echte Sternstunde. Eine von vielen. Die meisten der eigens für das 360-Grad-„Kino" gemachten Programme, bei denen der Betrachter komplett in die Szenerie eintaucht, ranken sich jedoch buchstäblich um die Sterne und das Weltall: Ein fest installierter Sternenprojektor kann den Nachthimmel von jedem gewünschten Punkt auf der Erde aus simulieren. Diese Planetariumsproduktionen sind durchweg von Astrophysikern gemacht und drehen sich etwa um den Urknall, um Galaxien und Sterne oder die Entstehung der Planeten und des Lebens. Die Planetariums-Idee ist erst rund 100 Jahre alt, wie Dr. Christian Theis, Direktor in Mannheim, berichtet. Die Firma Zeiss setzte sie ab 1914 auf Betreiben des Deutschen Museums in München um, das den Sternenhimmel zum Zwecke der Volksbildung möglichst detailgetreu abgebildet wissen wollte. 1927 wurde in Mannheim eines der ersten und das weltweit erste kommunale Planetarium eröffnet. Die futuristisch anmutende Pyramide, die es heute beherbergt, wurde 1984 eröffnet und lockt im Schnitt jährlich 100.000 Besucher an, darunter rund 40 Prozent Schulklassen.

Gisela Huwig

Planetarium Mannheim
68165 Mannheim
Wilhelm-Varnholt-Allee 1
(Europaplatz)
Infos und Karten:
Fon 0621.415692
www.planetarium-mannheim.de

Extras
Fast ganzjährig (außer Mo) ge-öffnet ab jeweils einer Stunde vor einer Vorstellung (Termine im Spielplan), freie Platzwahl. Für Schulklassen und Kinder gibt es spezielle Veranstal-tungen.

erleben

entdecken

Luisenpark in Mannheim

Oase für quirlige und ruhige Naturen

Wenn auch quirlige Kinder ganz ruhig werden und geradezu andächtig das Tierchen bewundern, das eben auf ihrem Arm gelandet ist, dann sind die Besucher des Luisenparks in dem Gebäude angekommen, das bei Groß und Klein besonders beliebt ist: im Schmetterlingshaus. Die exotischen Schönheiten, die es bewohnen, heißen „Blauer Himmelsfalter", „Passionsfalter" oder „Weiße Baumnymphe". Auch heimische Schmetterlingsarten sind zu entdecken. Unter freiem Himmel, draußen in diesem weitläufigen Mannheimer Park, gehören Begegnungen mit weiteren Tieren zum Ausflugserlebnis dazu: Störche (manch einer von ihnen ist übrigens ein gewiefter Baseballmützen-Dieb), Flamingos ... Und Tiere, die im landläufigen Sinn nicht schön zu nennen sind, gibt es auch: In der „Unterwasserwelt" leben beispielsweise Rote Piranhas. Der Besucher lernt, dass sie gar nicht so extrem blutrünstig sind, wie ihnen nachgesagt wird, dass sie in ihrer Heimat als „Gesundheitspolizei" eine wichtige Rolle spielen und dass sie ihren Nachwuchs sorgsam umhegen. Wer nicht nur Blumen, Bäume und Tiere bewundern will, ist im Luisenpark dennoch richtig: Eine Bootsfahrt in der Gondoletta, ein Besuch im chinesischen Teehaus oder in der „Klangoase" gehören dann zu den ruhigen Momenten, die im Grünen zu erleben sind. Munter geht es auf dem Wasserspielplatz oder auf den Trampolinen zu und natürlich während Veranstaltungen: So sind etwa zu Halloween lebhafte Monster im Park sehr willkommen.

Martina Sema-Weiß

Luisenpark Mannheim
68165 Mannheim
Theodor-Heuss-Anlage 2
Fon 0621.410050
www.luisenpark.de

Öffnungszeiten:
Ganzjährig täglich ab 9 Uhr,
Kassenschluss im Sommer
etwa um 21 Uhr (bei Dämmerung), bei schlechtem Wetter
und zu anderen Jahreszeiten
früher. Der Ausgang ist jederzeit durch die Drehkreuze
möglich.

Öffnungszeiten Schmetterlingshaus/Pflanzenschauhaus:
März - Okt täglich 10 - 20 Uhr,
Nov - Feb täglich 10.30 - 18.30
Uhr

Panoptikum in Mannheim

betrachten

entdecken

Geschichte in Wachs

Einige scheinen täuschend echt. Elvis ist da, auch Udo Lindenberg hat sich eingefunden. Mitglieder der englischen Königsfamilie stehen in direkter Nachbarschaft. Daneben sind Sportler und Politiker im Mannheimer Panoptikum zu sehen, dem dritten Wachsfigurenkabinett in Deutschland nach Berlin und Hamburg, das mit etwa 300 Figuren als umfangreichstes hierzulande gilt. Fast lebendig wirken einige von ihnen. Das ist spannend. Es lässt einen an anderer Stelle in der Sammlung auf der 1.000 Quadratmeter großen Ausstellungsfläche im Stadthaus aber erstarren. Denn es sind nicht nur die Großen unserer Zeit und vergangener Tage, die sehenswert in Szene gesetzt sind. Schaurig ist es etwa in der Folterkammer, in der auf bedrückende Weise das Leben im Mittelalter nachgestellt wird. Ebenfalls weniger für zartbesaitete Besucher oder gar Kinderaugen geeignet ist das medizinische Kabinett. Dort werden Sichtweisen auf den menschlichen Körper offenbart, die uns selbst in heutiger Zeit, in der man eigentlich alles schon gesehen hat, innehalten lassen angesichts der Deutlichkeit der Darstellung. Und doch kann man die Augen nicht gleich abwenden, die Detailtreue in den Figuren und Szenen ist sehr beeindruckend. Wie auch das ganze Panoptikum in Mannheim. Und beinahe hätte ich im Salon Platz genommen, um bei der Soiree dabei zu sein – aber das Teekränzchen ist ja gar nicht echt ...

Markus Giffhorn

Panoptikum Mannheim
68161 Mannheim
Stadthaus N1
(3. Obergeschoss)
Fon 0621.17850508
info@panoptikum-mannheim.de
www.panoptikum-mannheim.de

Öffnungszeiten:
Täglich 10 - 18 Uhr, kostenlose Führungen immer sonn- und feiertags um 14 Uhr.

erleben

genießen

Mannheimer Stadtteil Jungbusch

Tourist Information Mannheim
68161 Mannheim
Willy-Brandt-Platz 5
Fon 0621.2938700
www.tourist-mannheim.de
Öffnungszeiten:
Mo - Fr 9 - 19 Uhr,
Sa 10 - 13 Uhr.

Extras
Popakademie
Baden-Württemberg GmbH
68159 Mannheim
Hafenstraße 33
Fon 0621.53397200
www.popakademie.de

Yavuz-Sultan-Selim-Moschee
68159 Mannheim
Luisenring 28 - 30
Fon 0621.4548283
www.ditib-ma.de

Das Zuhause von Multikulti und Popkultur
„Der geht widder iwwer die Mannemer Brick – die Neckarbrick. Die Mannemer Mannemer Mannemer Mannemer
Mannemer Mannemer Mannemer, Mannemer Neckarbrick."
Der bekannte Neckarbrückenblues von Joy Fleming weist
mit „dem Karl" gesanglich den Weg in den Jungbusch. Und
damit in einen Stadtteil Mannheims, der sich in den 1970er-
Jahren – damals entstand der Song – zum Rotlichtviertel
entwickelte. Seinen Ursprung hatte der Stadtteil um 1870
in einer gründerzeitlichen Erweiterung Mannheims außerhalb der Quadrate. Das Handelshafengebiet besaß bis ins
19. Jahrhundert ein ganz eigenes Flair. Baulich blieb dieses
erhalten, denn der Jungbusch ist einer der wenigen Mannheimer Stadtteile, der im Zweiten Weltkrieg nicht massiv
zerstört wurde. Heute ist das Viertel so etwas wie das Zuhause von Multikulti und Popkultur. Für die eine Seite
steht symbolisch die Yavuz-Sultan-Selim-Moschee, für die
andere die Popakademie Baden-Württemberg. Multikulti
bedeutet im Jungbusch einen Anteil von über 60 Prozent
an Menschen mit Migrationshintergrund. Popkultur steht
für angehende Stars, die hier lernen, künstlerisch und be-
triebswirtschaftlich auf eigenen Füßen zu stehen. Parallel
zur Entwicklung als kreatives Zentrum mausert sich der
Jungbusch wieder zum Amüsierviertel. Diesmal mit vielen
Bars, Cafés, Kneipen und viel Kunst und Kultur. Ein Höhepunkt, bei dem dies alles im Mittelpunkt steht, ist nun seit
über zehn Jahren der „Nachtwandel". Einmal im Jahr feiert
der Jungbusch sich damit selbst.

Michael Dostal

Spaghetti-Eis aus Mannheim

genießen

Coole Idee des Gelatiere

Dass Neues zunächst einmal Misstrauen erregt und nicht gleich zu überzeugen weiß, zumal wenn es auch noch wie eine optische Täuschung aussieht, dies musste der Mannheimer Eiskonditor Dario Fontanella nach der Kreation seiner Eis-Erfindung im Jahre 1969 erfahren. Der Italiener hatte gerade sein Spaghetti-Eis frisch auf den Markt gebracht und musste feststellen, dass Kinder manchmal sogar weinten, als sie das neue Produkt auf ihrem Tisch sahen. Sie hatten schließlich Eis und keine Nudeln mit Tomatensoße bestellt. Der Gelatiere aus den Dolomiten hatte Vanilleeis durch eine Spätzlepresse gedrückt, so dass es wie richtige Spaghetti aussah, und die Tomatensoße mit pürierten Erdbeeren imitiert. Den Parmesankäse auf den „Nudeln" ergab weiße Schokolade oder wahlweise auch Kokosflocken. Seitdem ist diese originelle Schöpfung der Renner im Mannheimer Eissalon auf den Planken. Da der Eiskünstler seine Erfindung damals aus Kostengründen nicht patentieren ließ, wird das Spaghetti-Eis auch häufig nachgeahmt und ist außerhalb von Mannheim in Eisdielen in ganz Deutschland zu finden. Es hat sogar seinen Siegeszug weit darüber hinaus in die Welt angetreten. Es gibt diese Mannheimer Spezialität inzwischen in Holland, Österreich, Italien, Kroatien und selbst in den USA, in New York und Oklahoma, finden die Eisliebhaber die Idee einfach cool.

Bernhard May

Eis Cafés in:
L 11, 11; O 4, 5; O 2, 1; P 7, 1
Fon 0621.23443
www.fontanella.de

Paradeplatz Mannheim

Wo einst die Kurfürsten ihre Truppen aufmarschieren ließen, pulsiert heute das Leben in der Quadratestadt: Der Paradeplatz an der Kreuzung der Planken und der Breiten Straße ist das Herz von Mannheim. Dominiert wird das Zentrum von der Grupello-Pyramide, die seit 1743 an ihrem Platz steht. Das angrenzende Stadthaus mit Cafés, Restaurants, Geschäften und der Stadtbibliothek wurde 1991 eröffnet und lehnt sich äußerlich an den Vorgängerbau, das Alte Kaufhaus aus dem 18. Jahrhundert, an.

68161 Mannheim
N 1

Maimarkt Mannheim

Ohne Johann II. von Zweibrücken gäbe es den Maimarkt vielleicht gar nicht. Der Pfalzgraf verlieh 1613 der damals noch jungen Stadt die Marktprivilegien. Heute ist die Messe, die traditionell am letzten Samstag im April startet und elf Tage dauert, die größte regionale Verbraucherausstellung in Deutschland. Rund 350.000 Besucher kommen alljährlich auf das rund 75.000 Quadratmeter große Gelände mit 47 Hallen und einem Freigelände.

68163 Mannheim
Xaver-Fuhr-Straße 101
Fon 0621.425090
info@maimarkt.de
www.maimarkt.de

Stadtführungen Mannheim

Welche Spuren hat Mozart im 18. Jahrhundert in Mannheim hinterlassen? Was verbindet Schiller mit der Quadratestadt? Und weshalb gibt es auf den Kapuzinerplanken ein Blumepeter-Denkmal? Antworten auf diese und weitere Fragen liefern die zahlreichen Stadtführungen, die unter anderem von der Tourist Information Mannheim angeboten werden.

Tourist Information
68161 Mannheim
Willy-Brandt-Platz 5
Fon 0621.2938700
touristinformation@mannheim.de
www.tourist-mannheim.de

Öffnungszeiten:
Mo - Fr 9 - 19 Uhr, Sa 10 - 13 Uhr (außer an Feiertagen).

Pferderennbahn Seckenheim

Das Glück dieser Erde soll bekanntlich auf dem Rücken der Pferde liegen – auf der Rennbahn in Seckenheim kommt es hingegen vielmehr auf die Fitness der Tiere und das Können der Reiter an. Regelmäßig veranstaltet dort der 1867 gegründete Badische Rennverein Wettläufe, teils mit international besetzten Starterfeldern.

68239 Mannheim
Turfweg
Fon 0621.416060 oder
0621.471220
info@badischer-rennverein.de
www.badischer-rennverein.de

Alte Feuerwache Mannheim

In der Alten Feuerwache trifft Geschichte auf Kultur. Das Gebäude im neobarocken Stil war ab 1912 der zentrale Stützpunkt für die Feuerwehrmänner der Stadt und wurde bis 1975 genutzt. Danach wurden Pläne, die Feuerwache abzureißen, bald verworfen und stattdessen das Gebäude im Mai 1981 als Kulturzentrum eingeweiht. Dort finden Festivals, Konzerte, Lesungen und Partys statt.

68167 Mannheim
Brückenstraße 2
Fon 0621.2939281
info@altefeuerwache.com
www.altefeuerwache.com

Kinder- und Jugendtheater Schnawwl Mannheim

Grün ist der Schnawwl schon lange nicht mehr. Das Kinder- und Jugendtheater des Nationaltheaters Mannheim wurde bereits 1979 gegründet und bringt seitdem Stücke für kleine Kunstfreunde auf die Bühne. Das Ensemble hat sich mit spannenden Geschichten und kunstvollen Präsentationen einen hervorragenden Ruf erspielt. Das Repertoire des Theaters wird kontinuierlich erweitert, wie mit der Gründung der Jungen Oper in der Spielzeit 2006/2007.

68167 Mannheim
Brückenstraße 2
Fon 0621.1680302
schnawwl@mannheim.de
www.schnawwl.de

Schon allein wegen der Ironie der Geschichte ist das
hier ein Lieblingsort: Das Lustschloss des Wellness-
Fürsten, dereinst nur für Hotvolee und Perückenträger
gedacht, ist heute kurpfälzisches Fantasia-Land und
Volksfest-Feuerwerk-Feier-Arena für Mensche un Leit
jedweder Herkunft. Bei großen Open-Air-Veranstal-
tungen ist es der edelste Rahmen, den die Region
bieten kann, „barocking the High-mat". Aber auch
sonst, zu jeder Jahres-, Tages-, Nacht- und Unzeit, ist
dieser Garten ein besonderes Erlebnis. Und egal, wie
oft ma do war – immer wieder entdeckt man was
Neues. Aussichten: vielfältig und abenteuerlich, vom
antiken Gipsgott mit Tempel bis zur watschelnden Ente
mit Teich – und dahinter der Sichtkorridor bis hin zum
Pfälzerwald.
Comedyantische Recherche-Möglichkeiten: vielfältig
und hysterisch-historisch (do ham sogar die Stääner
(Steine) was zu verzähle ...).

Lieblingsplatz:
Schwetzinger Schloss

Immer vorne debei

Sportlich warn'se schon immer, die Kurpfälzer. Von Anfang an. Kein Wunder, dass in einem Delta mit Wasser und Land und Bergrücken und Äckern und Feld- und Radwegen die Menschen fit und körperlich flexibel unterwegs sein müssen. Historisch gesehen waren die Eingeborenen dieses Strichs von Land schon immer sehr mobil. Zumal ihnen oft auch gar nichts anderes übrig blieb, unfreiwillig mitzumachen bei diversen Fecht- und Schießübungen in von owwergscheiten Herrschern angezettelten Kriegen sowie beim Steine schleppen für die Schlossprojekte ihrer Wellness-Fürsten. Anstrengend, aber sinnvoll ging's bestimmt auch zu, als man unter der Regie von Gelfießler-Ingenieur Tulla mithelfen musste beim Bändigen und Begradigen des wild geschwungenen Vaters Rhein.

Später sind die von Kurpfälzern erbrachten sportlichen Höchstleistungen glücklicherweise dann auf mehr freiwilliger

Basis geschehen. Ob beim Rudern, Radfahren, im Tennis oder Rennsport, beim Handball, Eishockey oder Fußball und vielen anderen Sportarten – die Kurpälzer ware immer vorne mit debei. Wo de hiegucksch Sieger un Type, die nirgendwo anders hätten wachsen können als do bei uns zwische Odewald un Ried un Rheingrabe.

Autofahren will gelernt sein

Kann es Zufall sein, dass die Region, in der das Automobil erfunden wurde, nun mit dem Heppenheimer Sebastian Vettel auch den derzeit besten Autofahrer der Welt hervorgebracht hat. Wobei, äh, Moment emol, Auto-Renn!-Fahrer muss es heißen. Denn net jeder Rennfahrer muss automatisch auch ein guter Autofahrer gemäß StVO sein. Wenn man gewöhnt ist, immer so schnell wie möglich zu fahren, dann muss es verdammt schwer sein, auf normalen Straßen diese kleinen rotumrandeten Tempolimit-Schildchen ernst zu nehmen. Da muss man wohl richtig Anerkennung aussprechen, dass so ein Berufsraser seinen zivilen Führerschein überhaupt noch besitzt. Egal, auf der Formel-1-Piste ist er auf jeden Fall de Beschde. Und im Gegensatz zu einigen anderen prominenten Sportskanonen ist der gute Sebastian seiner Heimat bei all dem Weltweit-Hype immer noch sehr verbunden geblieben, was er bei jedem Empfang an der Bergstraße betont, wenn sein Heimatort mal wieder den alljährlichen Ausnahmezustand ausruft. Lang dauert's bestimmt nicht mehr, bis sich Heppenheim in Vettelheim umbenennt und der Hockenheimring in Heppenheimring,

Wie gern stelle ich mir vor, de gude alde Carl, „de originale" Benz könnt heute nur mal ganz kurz sehen, was aus seiner Erfindung geworden ist – in der Region, die ihn so positiv aufgenommen und einfach hat machen und schrauben lassen. Wahrscheinlich würd er sagen: „Was bin ich froh, dass mei Frau mit mei'm Dreirädle un net mit so ener Raket abgaue isch, damals." Ja, so weit wär'se do demit net kumme. Und sei's auch nur, weil die Apothek in Wiesloch fer sowas ken Treibstoff ghabt hätt.

Auch der Erfinder des Fahrrads, der Freiherr von Drais (wie Benz übrigens auch ein Karlsruher, der bei den coolen Kurpfälzern ein erfinderfreundlicheres Klima genießen durfte) hätte im 20. Jahrhundert mit ansehen können, wie einer der Nachfahren zu internationalem Ruhm aufgestiegen ist: Rudi Altig. Die Radfahrer-Legende aus Mannheim hat das Rennradeln glücklicherweise zu den Zeiten betrieben, als es noch Sport war und nicht Pharma-Wettbewerb der Doping-Lügebeidel auf zwei Rädern. Deswegen konnte er damals auch noch so trockene Sprüche loslassen wie diesen: „Ein Radrennfahrer muss seinen Hintern mehr pflegen als sein Gesicht." Klingt heute unschuldig oder prophetisch, je nachdem, wie man das sehen will, denn die meisten Injektionen bekommen Radrennfahrer wohl auch in den Hintern, oder?

Sportskanone und ihr Sprisch

Für solche Bonmots oder „Sprisch", wie der frankophone Kurpälzer saache det, sind auch andere Kurpfälzer Sportskanonen bekannt. Kurz, trocken, „uff die 12" – wie Sepp Herberger, der Vater des deutschen Fußballwunders, der auch deswegen so sympathisch ist, weil er sich in seiner posi-tief-bodenständigen Art nie hat vereinnahmen lassen von Nazis oder nationalistischem Pathos. Stattdessen hat er die Welt bereichert mit Fußballweisheiten wie „Der Ball ist rund und das Spiel dauert 90 Minuten." und „Elf Freunde müsst ihr sein." Diese sowieso schon im ewigen Marmor großer Zitate der Weltgeschichte gemeißelten Sätze müssten heute eigentlich Standard sein für die Rhetorik-Ausbildung junger Spieler, die am Ende des Spiels, nachdem sie wirklich alles gegeben haben (dass die Hochfrisur nicht verrutscht), die schlimmste Herausforderung bewältigen müssen: auf die Fragen der Journalisten oder besser der Modera(-Eigen-)Tore zu antworten.

„Was dachten Sie, als Sie bereits in der 23. Minute
das Siegtor erzielten?"
„Äh, ich dachte: Jetzt steht's 1:0."
„Und? Waren Sie nicht froh, dass der Ball reingegangen
ist?"
„Äh, doch! Irgendwie schon. Weil darum geht's ja
bei dem Spiel irgendwie, oder?"
„Ja, genau, sehr weise Worte. Die nächste Frage:
Während des ganzen Spiels hat es geregnet. Sind Sie
nass geworden?"
„Nee, eigentlich nicht. Ich saß ja auf der Reservebank,
und die war ja überdacht."

Heimatlose Tennisspieler

Normalerweise haben die meisten Sportler aus der Region, die es zu Ruhm, Ehre, Medaillen und Bundeskanzler(innen)-Händeschütteleien gebracht haben, ihren Bezug zur Region nicht verloren. Bis auf zwei berühmte Tennisspieler. Und gerade in diesem vormals weißen Sport haben Kurpfälzer nun wirklich einen phänomenalen Beitrag zur Weltsportgeschichte geleistet. Gleich zwei Spieler von Weltruf haben sie hervorgebracht: Steffi und Boris, das Weltstar-Traumpaar des deutschen Tennis, in der kurpfälzischen Wiege groß geworden.

Beide hatten anfangs mit den überregionalen Besserwisser-Medien zu kämpfen. Was kann aus dieser Region schon Gutes kommen, das nicht provinziell ist – zumal der dialektale Zungenschlag alles verraten hat, was am Image auf Weltniveau getrimmt wurde. Die Steffi hat dann das Hochdeutsch und auch das Englisch ziemlich schnell und gut gemeistert. Nur de Vadder war halt trotzdem do ... Und beim Boris war's nicht die Spiel-, aber die Sprechweise, die ihn zum Bobbele werden ließ. Später nannten sie ihn dann Bum-Bum-Boris, eine Beschreibung, die ihm nie gefallen hat, weil er wohl auch ahnte, dass er Jahre später nach Beendigung seiner aktiven Laufbahn mal genau so aussehen sollte wie Bum-Bum-Boris klingt.

Auf jeden Fall haben beide ihrer Heimat den Rücken gekehrt. Der Steffi sei's verziehen, denn wo die Liebe hinfällt – und sei's ins Amiland – dort zieht es einen eben auch hin. Aber unser rotblonder Tennisgott hat seine Heimat ganz schnell und ohne Reue verlassen und vergessen. Die Schickeria, die er suchte, die gab's weder in Mannheim noch in Heidelberg, und schon gar net in Leimen. Dort hat man mitten in der Boris-Bashing-Phase Ende 2013 sehr pressewirksam überlegt, die „Boris-Becker-Halle", die Ende der 1990er noch von Vater Becker mitkonstruiert wurde, umzubenennen. Ob das wirklich die „Höchststrafe" für Bum-Bum gewesen wäre, wie einige vermuten wollen? Wohl kaum. Was kümmert's den Welt-VIP, wenn in Leimen en Balle fehlt oder e Hall oder e Netz mehr Löcher hot als wie woannerschder.

Nun ja, der Kurpälzer Lokalpatri(di)ot muss natürlich auf so einen verlorenen Sohn e bissel bees sein. Net emal en Schläger konnte er spenden für ein Jugendturnier seines Heimatvereins Blau-Weiß Leimen. In der „Hörzu" stand einer von zahlreichen Artikeln über den Kurpalz-Verweigerer: *„Offiziell", sagt Vorstand Peter Raubold (73), „war er ja nie hier."* *Er scheine den Verein gar nicht mehr kennen zu wollen. Einmal, ja, da sei er hier hereingeschneit, habe sich die Fotos angesehen.* *„Inkognito", sagt Raubold. „Mit seiner Frau. Welcher, das weiß ich jetzt grad nicht mehr so genau."* Die Männer kichern wie kleine Jungs.

Ja, so muss es sich für ein überregionales Medienorgan anhören, wenn die Provinz tobt. Wahrscheinlich ist die Halle froh, wenn sie wieder ganz normal Tennishalle heißen kann, Leimen nemmehr so babisch is und der Namensgeber endlich vergessen kann, woher er kam.

Buben, Wunder, Waldhof

Im Mannschaftssport ist es einfacher, der Heimat treu zu bleiben. Auch wenn ab und zu Umzüge in andere Stadien mitgemacht werden müssen, was die Verbundenheit mit dem betreffenden Club nicht immer heftiger macht. Der SV Waldhof Mannheim zog zwar dereinst auf der Höhe seines Ruhms vom alten Stadion im Alsenweg auf die andere Rheinseite ins Ludwigshafener Südweststadion, was vielen rechtsrheinischen Anhängern schon als unverzeihliche Todsünde erschien. Dann wurde so lange diskutiert, wie man jetzt weitermacht – bis sich das Thema von selbst erledigt hatte, weil die Jungs wieder abgestiegen sind. Heut det ma schon e paar Tag nach dem Aufstieg glei e neues Plastikschüssel-Stadion uff die Wies stelle und sich einen schönen Namen sponsern lassen: Schnickschnack-Arena oder Honnebombel-Schüssel oder Zahnpasta-Versicherungs-Park. Aber damals ging des net so schnell. Heut spielt der SV Waldhof ohne Geld und ohne großes Glück im Sport ein paar Ligen tiefer, aber nicht mehr am Alsenweg, da, wo 1907 alles begann, sondern sogar in einem richtigen Stadion. Jene immerhin siebenjährige Episode im Fußball-Oberhaus hat sich tief eingebrannt in das kollektive sportliche Bewusstsein der Kurpfälzer. Zumal das „Wunder Waldhof" ein paar echte Originale auch und gerade außerhalb des Platzes hervorgebracht hat. Klaus Schlappner, der sich auch vor Millionen Zuschauern des Aktuellen Sportstudios sprachlich nicht verbiegen ließ und nach Sepp Herberger einer der wenigen kurpfälzischen Mundart-Sprecher war, der unseren Dialekt ohne Peinlichkeit und Sprachfehler-Assozialisationen einfach so selbstverständlichte. Ganz im Gegenteil zu seinen Spielern wie Fritz Walter junior, von dem schöne Babbeleien im Internet kursieren wie zum Beispiel: „Die Sanitäter haben mir sofort eine Invasion gelegt". Das waren noch harte Zeiten. Do war nix mit Geld und Sponsore-Millione un druff un dewedder un alla Hopp so wie heut.

Alla Hopp!

Eines Tages haben nämlich ein paar Kurpfälzer eine gute Idee für eine Computer-Software, gründen eine Weltfirma und Aktiengesellschaft. Und plötzlich fließt Geld und die ganze Region ändert ihr sportliches Gesicht. In Mannheim steht plötzlich eine Arena, der MERC heißt Adler Mannheim und lässt des zugische Eisstadion hinterm Schloss hinter sich. Genauso die Handballer von Kronau-Östringen, die jetzt als Rhein-Neckar Löwen in de Saparena spielen. Was e Ding!

Tradition is okay, awwer Geld ist halt mehr wert. Zumindest finanziell. Do geht dann alles. Sogar und gerade zwischen Bammental un Motzesheim un Sinsheim. Eigentlich muss ma doch dankbar sein, dass der große Mäzen sei Geld net in die USA getragen hat, sondern hier bei uns, also do investiert hat. Salopp ausgedrückt, Hopp, saachs doch glei: In de Kurpalz sin alle Leit irgendwie Homo SAPiens. Man mag zum Projekt Hoffenheim stehen wie man will, man mag die Mannschaft mögen oder net, man mag neidischerweise lieber seinen eigenen kleinen Heimatverein mit Millionen gern aufgepäppelt gesehen haben (SSV Vogelstang!!! Chakos Kindheitstraum, olé-olé-olé), man mag sogar Fan des 1. FC Kaiserslautern sein, (böser Ketzer!), man mag auch die mimosige Art, wie der große Geldgeber mit Schmähungen umgeht, übertrieben finden (awwer aa Kurpälzer piensen ab un zu mol sehr gern) – aber anerkennen muss man dieses quasi aus dem Nichts erschaffene Sport-Werk trotzdem. Ein Bundesligaverein in Sinsheim und auf einmal ist die Region in aller Munde. Und das Stadion hat sogar bis heute teilweise den lokalpatriotischen Namen Rhein-Neckar-Arena behalten. Am Reißbrett geplant, auf der grünen Wiese, direkt neben der Autobahn, gegenüber vom Technik-Museum – und trotzdem ist bei jedem Heimspiel das Verkehrschaos sicher. Ob das wohl mit Absicht so „geplant" wurde, um die Fans im Stau so richtig heiß zu machen. Und dann entlädt sich der ganze Frust lautstark im Stadion. Schää wär's ... Auf jeden Fall haben wir dadurch ein neues Superlativ, das wir mit Stolz der Welt präsentieren: das modernste Stau-Stadion Deutschlands. Der Fan sitzt bewegungslos im Auto – mit Blick auf die ausgestellten Flugzeuge im Technik-Museum gegenüber und sinniert über die Widersprüche von Technik und Mobilität und fragt sich, in welcher Liga die Hoffenheimer wohl inzwischen wären, wenn sie so langsam spielen würden, wie ihre Fans unterwegs sind.

erleben

erfahren

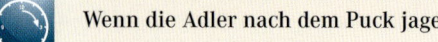

Die Adler Mannheim

Wenn die Adler nach dem Puck jagen

1980, 1997, 1998, 1999, 2001: Da waren sie Deutscher Meister. 2007 schafften sie sogar das Double aus Pokalsieg und Meisterschaft (mit dem legendären Ausgleichstor in der 59. Sekunde der 59. Minute im Play-Off-Spiel gegen Frankfurt). Trotzdem: Seit die Adler, wie sich die Mannheimer Eishockey-Cracks seit 1994 nennen, in der SAP-Arena auf die Jagd nach dem Puck gehen, scheinen die Zeiten dauerhafter Höhenflüge vorbei zu sein. So mancher Fan, der schon im maroden, aber atmosphärisch erstklassigen Friedrichspark mit den Spielern des damaligen Mannheimer Eis- und Rollsport Club MERC gegen Landshut oder Riessersee gejubelt (und gelitten) hat, vermisst ein wenig das „Feuer", das durch die Nähe der zugigen Zuschauerränge schnell auf die blau-weiß-roten Anhänger übergriff. Dabei hat die, nahe am Autobahnkreuz Mannheim gelegene, moderne Multifunktionshalle durchaus ihre Vorteile. Parkplätze gibt es genug, die Verkehrsanbindung über S- und Stadtbahn ist gut. Und ganz gleich, ob Handball mit den Rhein-Neckar Löwen, Boxen mit Wladimir Klitschko, Konzerte mit Depeche Mode, Coldplay, Shakira oder Bruce Springsteen: Je nach Veranstaltung bietet sie bis zu 15.000 Zuschauern Platz. Doch zurück aufs Eis. Natürlich ist auch in der SAP-Arena echtes Gänsehaut-Feeling bei den Spielen der Adler zu spüren: Wenn die Riesentrikots der Ehrenspieler unter dem Hallendach hängen, das Fahnenmeer die Fankurven-Ränge in ein webendes Farbenmeer verwandeln und die darunter stehenden Adler-Anhänger die Adler-Hymnen schmettern.

Christian Roskowetz

Die Adler Mannheim tragen ihre Heimspiele in der SAP-Arena, An der Arena 1, in Mannheim aus.

Alle Infos zu den Adlern, den Spielterminen und Tickets gibt's auf der offiziellen Homepage unter www.adler-mannheim.de.

Unter www.sap-arena.de sind neben Infos zur Arena (zum Beispiel Besucherservice) alle Veranstaltungen in der SAP-Arena aufgeführt.

Drachenbootrennen auf dem Neckar

erleben

genießen

Im Stakkato-Takt von Trommeln und Paddeln

Zugegeben: So spektakulär wie durch Hongkongs Hafen sind Drachenbootrennen hierzulande nicht. Doch wenn die rhythmischen dumpfen Trommelschläge über den Neckar wummern und die oft fantasievoll gestalteten Boote mit ihren Drachenköpfen, angetrieben von wuchtigen Paddelschlägen im Stakkato-Takt, übers Wasser gleiten, fühlt man sich auch in Heidelberg und Ladenburg zurückversetzt in längst vergangene Zeiten. Denn „Drachenbootfahren" geht auf eine 2.500 Jahre alte chinesische Tradition zurück. Kurios: Ausgangspunkt für dieses Spektakel soll die Suche nach dem Leichnam des Dichters Qu Yuan gewesen sein. Der hatte sich im Milou-Fluss ertränkt – aus Kummer über sein korruptes Vaterland. Am fünften Tag des fünften Mondmonats im Jahre 278 vor Christus stachen im Süden Chinas Fischer in See, so besagt es die Legende. Doch die Suche war vergebens. Von da an wurden jedes Jahr um diese Zeit Drachenbootrennen im Gedenken an den beliebten Dichter veranstaltet. In Heidelberg wird 2014 zwar nicht im Mai, sondern am 5. Juli gerudert, in Ladenburg vom 25. bis 27. Juli. Die spannenden Rennen, die sich die illustren Besatzungen in ihren schlanken Ruderbooten liefern, kann man dabei bequem von den Neckarwiesen aus beobachten. Und ganz gleich, ob in der Römerstadt oder unterhalb des Schlosses: Wer die 18 Ruderinnen und Ruderer samt Trommler und Steuermann in ihren lustigen Kostümen sieht, dem wird klar, dass bei den Teams nicht nur der Sport im Vordergrund steht.

Christian Roskowetz

Martin Dewenter/pixelio.de

40 bis 50 Teams gehen jährlich beim Heidelberger Drachenbootcup des Wassersportclubs Neuenheim 1931 e.V. an den Start.
Infos:
www.drachenbootcup-hd.de

Das Drachenbootfestival in Ladenburg findet in der Regel an einem Wochenende im Juli am Neckar zwischen Strand und Schiffsanleger statt.
Infos:
www.drachenboot-ladenburg.de

erleben

betrachten

Motorsport auf dem Hockenheimring

Im Boliden durch die Parabolika

Rennsport auf dem Hockenheimring fasziniert immer wieder – auf vier wie auf zwei Rädern. Nur einmal in so einem Boliden sitzen, denken sich dann viele. Toll, dass nicht nur Motodrom, Parabolika und diverse weitere Kurven die Zuschauer zu den rasanten Events locken, sondern Fahrbegeisterte das Rennfeeling auch hautnah spüren können, als Beifahrer oder selbst am Steuer. Im Renntaxi sitzen Mutige als Beifahrer bei echten Könnern, die wie die Profis driften und bei hohem Tempo die Spitzkehre ansteuern. Wie schwierig das ist, kann man nur nachvollziehen, wenn man ein Formel-Auto selbst steuert. Das schmale Chassis ist nichts für Unsportliche. Es ist schon ziemlich eng in dieser Zigarrenschachtel, in der ich nun liege und kaum noch über den Rand schauen kann. Der Asphalt ist nur vage als Horizont zu erkennen. Dann wird das Lenkrad wieder drangeklickt und der Wagen gestartet. Der 150-PS-Bolide röhrt, nun liegen nur noch wenige Meter zwischen mir und der Rennstrecke. Wer das Auto nur dreimal abwürgt beim Anfahren scheint geübt zu sein, denn die Kupplung lässt nicht viel Spiel. Dann geht es los, die Beschleunigung ist atemberaubend. Gas, Bremse, Lenkrad – jede einzelne Bewegung des Körpers wird sofort in Wirkung umgesetzt. Beim nächsten Rennen als Zuschauer auf der Mercedes-Benz-Tribüne kann ich es dann wieder spüren, das Kribbeln – und die Sehnsucht, bald wieder selbst zu fahren.

Markus Giffhorn

Hockenheimring GmbH
68766 Hockenheim
Am Motodrom
Fon 06205.9500
www.hockenheimring.de

Extras

Weitere Events und Formel-Fahrkurse gibt es bei vielen weiteren Anbietern, die im Internet zu finden sind.

Stadionführung in der Rhein-Neckar-Arena

betrachten   erfahren

Auf dem „heiligen Rasen" von Hoffenheim

Das ominöse Netz, durch das Stefan Kießling, sonst treffsicherer Stürmer von Bayer 04 Leverkusen, das berühmte Phantomtor köpfte, wäre wohl das Highlight der Stadiontour in der Fußball-Arena der TSG Hoffenheim gewesen. Aber das wurde schnell ersetzt. Und so sind es viele andere Hingucker, die eine Führung über den „heiligen Rasen" und durch die Katakomben der Bundesligakicker interessant machen. Einmal dort stehen, wo sonst Volland, Schipplock und Co. die Bälle im Kasten versenken. Sehen, von wo aus sich die VIPs, die Promis unter den Fußball-Fans, auf gepolsterten und beheizten Sitzen die Spiele anschauen. Und schließlich einen Hauch jener Atmosphäre schnuppern, die nach einem spannungsgeladenen Kick in der Mixed-Zone und im Pressekonferenz-Raum herrschen muss, wo die Protagonisten analysieren, was auf dem Feld völlig falsch lief. Während der 45-minütigen Stadiontour gibt es einiges zu entdecken. Und die Wege sind kurz in einem der modernsten Stadien der Republik, wie Stadionsprecher Mike Diehl stolz verkündet: „In knapp fünf Minuten ist hier alles zu erreichen!" Auch die Umkleidekabinen der Profis, wo an Spieltagen vor dem Anpfiff Trikots und Schuhe bereitliegen – und nach einem Sieg auch schon mal richtig gefeiert wird, wie der Guide augenzwinkernd erzählt. Mit ihm geht es schließlich raus aufs Feld, auf dem man sich vorstellt, wie es für die Spieler sein muss, vor 30.000 jubelnden Anhängern auf Torjagd zu gehen. Und wie laut die werden können, wenn ein Phantomtor gegeben wird ...

Markus Giffhorn

Arena-Tour
Von April bis November immer samstags bei Auswärtsspielen der TSG Hoffenheim. Zwischen 10.30 - 13.30 Uhr (stündlich), ohne Anmeldung.

Fon 07261.94930
www.achtzehn99.de

145

Kartbahnen

Planet Kart
68199 Mannheim
Floßwörthstraße 48-50
Fon 0621.8627690
info@planetkart.de
www.planetkart.de

Power-Car Motodrom
68169 Mannheim
Friesenheimer Straße 23
Fon 0621.3189758
info@kartbahn-mannheim.de
www.kartbahn-mannheim.de

Die Kartbahn
69190 Walldorf
Alte Speyrer Straße 1
Waldparkring Walldorf
Fon 06227.842930
info@kartbahn-walldorf.de
www.diekartbahn.de

Indoor Superkart
69502 Hemsbach
Seeweg 14
Fon 06201.493073
info@indoor-superkart.de
www.indoor-superkart.de

Kartbahn Liedolsheim
76706 Dettenheim
Kartbahnring 1
Fon 07247.7800
teamzinner@aol.com
www.kart-fahren-karlsruhe.de

Kartbahn Bad Rappenau
74906 Bad Rappenau
Raiffeisenstraße 16
Fon 07264.2069888
info@kartbahn.de
www.kartbahn.de

Radtour auf den Weißen Stein

Mehrere Wege führen für
Radfahrer hinauf auf den
rund 550 Meter hohen Haus-
berg von Dossenheim. Je
nach Route müssen zwischen
sieben bis zehn Kilometer
Weg und im Schnitt rund
400 Höhenmeter überwun-
den werden. Die Auffahrt
von Dossenheim aus gilt als
anspruchsvoll, der Weg ab
Ziegelhausen punktet hingegen mit schönen Aussichten.
Oben angekommen können
sich die Gipfelstürmer in
der Höhengaststätte „Zum
Weißen Stein" stärken.

69259 Wilhelmsfeld
Zum Weißen Stein 1
Fon 06220.1787
zumweissenstein@aol.com
www.zum-weissen-stein.eu

Öffnungszeiten:
Ganzjährig geöffnet;
Di - So und an Feiertagen
ab 10 Uhr, über die Winter-
monate schließt die Gast-
stätte bei Einbruch der
Dunkelheit; Mo Ruhetag.

Laufwettbewerbe

An den Strecken jubeln Tausende von Angehörigen, Freunden oder interessierten Passanten. Auf den Strecken laufen Tausende Sportbegeisterte – mehr oder weniger locker gegen den inneren Schweinehund – um beispielsweise die 4,8 Kilometer beim BASF-Firmencup auf dem Hockenheimring, die (wahrscheinlich schönsten) 21,1 Kilometer rund um und durch Heidelberg beim SAS-Halbmarathon oder die klassische Distanz beim größten regionalen Lauf-Event, dem SAP-Arena-Marathon in Mannheim und Ludwigshafen, zu meistern.

Infos und weitere Läufe:

BASF-Firmencup:
www.firmencup.de

Heidelberger Halbmarathon:
www.sashalbmarathon.tsg 78-hd.de

Heidelberger Trail-Marathon:
www.trailmarathon-heidelberg.de

SAP-Arena-Marathon:
www.marathonmannheim.de

Frühlingslauf in St. Leon-Rot:
www.fruehlinslauf-rot.de

Eberbach-Marathon:
www.fruehlingslauf-eberbach.de

Kraichgau-Lauf:
www.kraichgau-lauf.de

Rugby in Heidelberg

Der grüne Rasen ist noch die größte Gemeinsamkeit zwischen Fußball und Rugby. Bereits die Form des Balles unterscheidet sich, von den Spielabläufen ganz zu schweigen. Während sich Kicker gerne mal bei der kleinsten Berührung fallen lassen, ist Körperkontakt bei Rugby Teil des Spiels. Auf Schutzbekleidung wie beim American Football wird weitestgehend verzichtet. In Heidelberg bietet die Rugby-Abteilung des Turnvereins die Möglichkeit, diesen faszinierenden Sport zu erleben – aktiv auf dem Rasen oder als Zuschauer.

69115 Heidelberg
Carl-Bosch-Straße 10
Fon 06221.24936
www.heidelberger-tv.de

Lieblingsplatz:
Marktplatz in Weinheim

Ohne viel Drumrumgebabbel: der schönste Platz der Region.
Wer sich hier niederlässt, der erlebt, wie der Südländer im Kurpälzer
erblüht. So viele italienische Momente gibt's sonst nur noch in Italien
selwert. Gastronomen-Schaulaufen zwischen Fachwerkhäusern,
Schlossmauern und Kübelpalmen. Das beste ist die Schräglage des
Ensembles, die bereits nach der ersten Apfelsaftschorle ein Gefühl
von angenehmer Schlagseite aufkommen lässt.
Aussichten: äfach hiehocke und Mitmenschen-Parade abnehmen.
Comedyantische Recherche-Möglichkeiten: unendlich.
Wenn's irgendwo langweilig wird, einfach das Etablissement wechseln.

Kunst und Kultur

Sponsoren, Musentempel, Feierwütige

Da war mal die Idee, dass Mannheim und die Region eine Bewerbung als „Kulturhauptstadt Europas" abgeben soll. Und schon gab es bei zahlreichen Kultur- und Berufspessimisten Augenzwinkern und Häme-Lächeln. Wie denn? Was hat das dampfend-aromatisierte Mannem mit Kultur und dann auch noch mit Hauptstadt zu tun. Europa?! Wo ma noch neddemal fähig ist, im eigene Ländle die Karlsruher abzuhängen − sondern eher umgekehrt. Ach Gott, was Ketzer un Pienser un beppermotzende Mollekepp.

Was die meisten Leute wohl gar net wissen (wollen): Mannem war schon mal so was wie eine Kulturhauptstadt Europas. Im 18. Jahrhundert, als de Karl Theo hier der Wellness-Fürst war und die ganze Region zum Sehnsuchtsziel der Künstler, Wissenschaftler und Architekten machte.

Karl Theo als Kultursponsor

Selbst Menschen, die hier wohnen und daher wissen, dass diese Region net nur Äppel, Woi, Wasser, Straße und Fabrike zu biete hat, sondern Kunst und Kultur vom Kleinsten und Feinsten und Größten und Schönsten – selbschd eingefleischte Lokalpatri(di)oten können sich kaum vorstellen, wie arg das gewesen sein muss, als de Karl Theo hier de Kultur-Sponsor gspielt hot. Damals wurde die Quadratestadt gar mit Florenz verglichen. Und alle waren sie hier: Goethe, Dalberg, Collini, Stamitz, Cannabich (der mit „ch" und net „s" am Ende). Die Hofmusik des Kurfürsten war damals in ganz Europa bekannt – da war Mannem für die Klassik das, was später Kingston für den Reggae oder Havanna für die Latino-Musik war. Wien, Salzburg oder Mannheim? De Mozart hot gewusst, warum er do herkumme is. Als er sich dann aa noch verliebt hot in so e Mädel vun do (um dann später die Schwester zu heiraten), war's sowieso um ihn geschehen. 1778 schreibt er: „So wie ich Mannheim liebe, so liebt Mannheim mich." Alla. Geht's noch eindeutiger?! Und beim Schiller war's genauso. Aus Stuttgart hat er flüchten müssen, weil er de Schnawwel zu weit uffgerisse hat und die politisch-moralische Kehrwoche net einhalte wollt. Un wo hat er Unterschlupf und Anerkennug kriggt? Do! Bei den Kurpfälzern, die so toll waren, dass ihnen die Toleranz geradezu angeboren schien. Einen armen verfolgten Dichter aufzunehmen, das ist schon ein guter Zug im absolutistischen Europa. Aber dass der Dichter en Schwob war, der aa noch von seine eigene schwäbische Landsleut verfolgt wurde, das macht die Sache besonders brisant – bis heut! Bei uns ist jeder willkommen, egal, wo er herkommt und wie er aussieht. Bei uns darf jeder so, wie er will – nur was ma net darf: de iwwerzwerche, iwwerkandidelte Besserwisser naushänke.

Schwob wird Kurpälzer
Die Institution des Nationaltheaters in Mannheim erinnert auch heute noch an den gude alde „Räuber"-Dichter. So wie de Schiller damals, hat das Theater heute auch immer mit Geldmangel und Personalwechseln zu kämpfen. In letzter Zeit wurde sogar gemunkelt, dass Mannheim für manche Leute nur als Sprungbrett benutzt wird, um in anderen größeren Städten anheuern zu können. Oh, losse doch!
   Beim Papa vom kleinen Chako war's auf jeden Fall umgekehrt. Der hat in den 1960er-Jahren ein Angebot vom Mannheimer Nationaltheater bekommen und ist aus Hannover hierhergezogen. Und dann hat er hier getanzt und de klääne Habekost is do, genau do, uff die Welt kumme und uffgewachse. Was für eine wunderbare Fügung des Schicksals. Sonst wär de Chako heut vielleicht en niederer Sachse und müsst sich dialektlos und mund-un-artig durch die Welt sprechbabbeln. So aber isser vegetarisch eingefleischter Kur/Pfälzer.

Soviel Glück hot de Schiller net ghabt, un trotzdem hat er 1784 geschrieben: „Jetzt lebe ich zu Mannheim in einem angenehmen dichtrischen Taumel – Kurpfalz ist mein Vaterland." Siggschd. So schnell lassen sich sogar Schwaben bekehren und von den lebenswerten Vorteilen der Region überzeugen.

Nun gut, wir wissen, dass diese stolze Phase der Kurpfälzer Geschichte dann irgendwann vorbei war, weil de Karl Theo seine Erbfolge in München antreten musste. Weg war der Hofstaat, weg war die Hotvolee, weg war Ruhm und Ruf un Nimbus un Schampus. Weg war der Sponsor. Es kam Napoleon, der Wiener Kongress, die Trennung der ruhmreichen, flussübergreifend großen Kurpfalz, die Industrialisierung. Aus einer kleinen Festung auf der anderen Seite des Rheins wurde Ludwigshafen, zwei Weltkriege, Bomben, 1950er-Jahre-Bauboom, Amisiedlungen überall, 1970er-Jahre-Bausünden, Vogelstang, Collini-Center, Neuenheimer Feld, Emmertsgrund … – und schon ist von dem „freundlichen Mannheim, das gleich und heiter gebaut ist" (Johann Wolfgang von Goethe) und dem Rest des paradiesischen Kurpfalz-Reiches nix mehr üwwerisch.

Und die Region musste fast zweihundert Jahre warten, bis sich wieder Sponsoren fanden, die mit ihrem Geld Museen größer machten (rem) oder Schlösser in Form von (SAP)Arenen bauten, um Kunst und Kultur und Sport von Rang und Namen hierherzuholen. Alla Hopp!

Kultur als Zeitreiseerlebnis

Was gibt's noch? In Heidelberg ein alter Bahnhof als Kulturzentrum, seit Jahren bewährt und nicht mehr wegzudenken. Das Theater in Heidelberg, 2012 nach langer Renovierung neu eröffnet, ganz modern, aber immer noch auf seine Art richtig schön „old school", wie die kleinen Paläste im Londoner West End (nur ohne dass die Deck uff de Kopp fallt!).

Dann Schwetzingen und sein Schloss mit Garten als Gesamtkunstwerk, dem schon an anderer Stelle dieses Buches gehuldigt wird. Was man sich aber bei all der äußeren Pracht auf keinen Fall entgehen lassen sollte, ist das in einem Flügel des Schlosses versteckte Rokokotheater. Es ist ein Schatzkästchen wie aus dem Märchenbaukasten, mit Schnörkeln und Samtsitzen und Büsten und Säulen und knarrendem Holzboden. Das leere Theater ist schon Attraktion genug: Einfach mal auf einem der oberen Ränge in einer Loge Platz nehmen, de Fächer auspacke, e bissel wedle und sich fühlen wie die Hotvolee vun domols. Fehlt bloß noch die Perück un's Brokatkorsett. Ein schönes Zeitreiseerlebnis. So auch das Lichterfest, das alle zwei Jahre im Schlosspark stattfindet. Der ganze Garten strahlt mit Kerzen, Fackeln und Funzellichtern. Tanz und Musik zwischen Barock-Hecken und Lust-Tempeln. Überall wird gefeiert und gelacht und geklatscht. Junge Mädchen springen barfüßig über den manikürten Rasen, Burschen trinken Ambrosia aus Pfandbechern ...

So muss es damals auch gewesen sein, als der Kurfürst hier seine Festivitäten abgehalten hat. Mit einem kleinen riesigen Unterschied: Der Park war damals definitiv leerer. Heut stürmen die Eingeborenen in Heerscharen hinein, mit Kind und Keggel, Sack und Pack, Kühldasch un Picknickausrüstung, machen sich breit auf dem schönen grünen Gras und freuen sich darüber, dass der Fürst domols des schääne Schloss hiegstellt hat und dass'er heut glücklicherweis nix mehr zu saache hot, sonst wärn die Leut nämlich all net do.

Chakos „Wohnzimmer"

Bevor die regionale Kultur-Hohelied-Predigt ihr Ende findet, muss natürlich noch Chakos Mannheimer Wohnzimmer, das Capitol, erwähnt werden. Dieses herrliche alte Kino, das durch die Energie des Teams dahinter am Leben erhalten wird. Und das über all die Jahre ohne öffentliche Zuschüsse und immer am Rande des Existenzminimums. Wer einmal drin gewesen ist, der weiß, dass nur hier diese spezielle Kino-live-is-live-Atmo aufkommt: unter der großen Kuppel, die zwar manchen Tontechniker zum Wahnsinn treibt (besonders wenn er Comedyanten zu betreuen hat, die Schnellsprecher sind), aber die genau das Besondere, Große, Ungewöhnliche ausmacht. Alles andere, das der alten Bausubstanz geschuldete Abenteuer-Potenzial, die Wartezeiten vor der Damentoilette, der steile Blick zur Bühne von den obersten Rängen, das Parkplatz-Krisengebiet in der Neckarstadt – all das wird nur die stören, die auf das perfekte Service-Umfeld fixiert sind. Die anderen machen sich kulturell locker, weil sie wissen: *Des hot's frieher aa schunn gewwe, bloß hieß es damals net „Unannehmlichkeit" und „Service-Wüste", sondern „Rock 'n' Roll", weeschwieschmään?!*

Deswegen heißt das Capitol auch net „Entertainment-Service-Agentur", sondern „Eventhaus". Da steckt eigentlich schon alles drin. Beim Betreten des Hauses beginnt das Event. Übrigens auch für die auf und hinter der Bühne. Wer jemals in der Garderobe gewesen ist und gehört hat, wie laut der Kühlschrank dort vor sich hin wummert, der weiß, warum die Künstler immer so heiß sind, wenn sie die Bühne betreten.

betrachten

erfahren

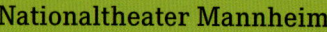

Schiller, Mozart und Moderne

Hätten die Stadtoberen Mannheims anno 1953 etwas mehr ästhetischen Ehrgeiz entfaltet, könnte hier eine Ikone der Architekturgeschichte stehen: Denn an dem Wettbewerb um das neue Nationaltheater – das alte (im Quadrat B 3) war 1943 im Bombenhagel untergegangen – beteiligte sich auch Bauhaus-Architekt Ludwig Mies van der Rohe mit einem avantgardistischen Entwurf. Man entschied sich damals allerdings gegen den radikal klaren Theaterglaspalast Mies van der Rohes und für das pragmatischere Modell seines Schülers Gerhard Weber. Doch auch dessen betont horizontaler Bau ist von einer Modernität, die die lange Geschichte des Hauses nicht verrät. Gegründet wurde das National-theater als „stehende Bühne" mit festem Ensemble bereits 1777 vom pfälzischen Kurfürsten Karl Theodor, der zwar im selben Jahr den bayerischen Königsthron erbte und nach München zog, das Schauspiel aber zurück ließ, als Trost-pflaster für die Mannheimer. An dieser ersten „deutschen Nationalschaubühne" wurde am 13. Januar 1782 Schillers Sturm-und-Drang-Drama „Die Räuber" uraufgeführt; oben-drein wirkte Schiller nach seiner Flucht aus Stuttgart ab 1783 ein Jahr lang als Mannheims erster Theaterdichter. So zeigt sich das Nationaltheater noch heute dem Dramatiker besonders verpflichtet, indem es alle zwei Jahre die Interna-tionalen Schillertage organisiert. Mit diesem Festival alter-niert der „Mozartsommer", der ebenfalls auf die Ursprünge des Theaters verweist: Zu Karl Theodors Zeiten schaute auch Wolfgang Amadeus gern in Mannheim vorbei.

Kai Scharffenberger

Nationaltheater Mannheim
Mozartstraße 9
68161 Mannheim
Goethestraße (Eingang)
Aktueller Spielplan unter:
www.nationaltheater-mann-heim.de
Karten-Telefon: 0621.1690150

Extras
Für einen Blick hinter die Kulissen müssen sich Gruppen (bis zu 30 Personen) oder auch Einzelpersonen einen Monat im Voraus telefonisch anmel-den: 0621.1680263.

Festspiele in Heppenheim

betrachten   genießen

Theaterfestival im Kurmainzer Amtshof

Mitten in der pittoresken Altstadt von Heppenheim, im historischen Gemäuer des Kurmainzer Amtshofes, steht die Bühne für die alljährlichen Festspiele Heppenheim. Es ist ein weit über die Region hinaus bekanntes Theaterfestival, das von Mitte Juli bis Anfang September jedes Jahr 30.000 Besucher in die südhessische Kreisstadt lockt. Gegründet hat das Festival 1974 der bekannte und 2008 verstorbene Schauspieler Hans Richter. Bereits als 12-Jähriger stand er zu Beginn der 1930er-Jahre in der Verfilmung von „Emil und die Detektive" vor der Kamera. Seine Hochzeit erlebte er im Fernsehen in den 1950er-Jahren. Die Festspiele begeistern ihr Publikum mit ausgewählten Klassikern wie „Jedermann" (1974) oder wie im vergangenen Jahr „Ein Sommernachtstraum". Außer Richter selbst haben weitere große Schauspieler in Heppenheim auf der Bühne gestanden wie Fritz Muliar und Friedrich von Thun oder bei den Damen Katja Ebstein, Christine Kaufmann und Eva Pflug. Seit 1992 leitete Sohn Thomas Richter das Festival, 2012 übernahm schließlich seine Frau Sabine die Regie in dem reizend gelegenen Innenhof. Dort finden rund 580 Zuschauer an den Tischen Platz, an denen sie mit Wein und Laugengebäck während der Vorstellung verpflegt werden.

Bernhard May

Festspiele Heppenheim
Theater im Kurmainzer Amtshof
Juli bis September

Spielplan und Online-Karten:
www.festspiele-heppenheim.com
Info- und Tickethotline:
Fon 06252.78203

betrachten

erfahren

entdecken

Völkerkundemuseum in Heidelberg

Exotik im Stadtpalais

Wer auf Heidelbergs Hauptstraße vom Karlsplatz zum Karlstor spaziert, lässt nicht nur die Tagestouristenmassen hinter sich – er entdeckt auch irgendwann linker Hand ein apartes Aufeinandertreffen fernöstlicher Gelassenheit mit klassizistischer Architektur: Neben einem Portal mit ionischen Säulen markiert vor lindgrün getünchter Fassade ein großer sitzender Buddha den Eingang zum Heidelberger Völkerkundemuseum. Wer diesem ästhetischen Signal folgt, betritt eine Stadtresidenz des 18. Jahrhunderts und taucht gleichzeitig ein in fremdländische Welten und Kulturen. Denn je nachdem, welche Sonderschau gerade läuft, findet man hier die verfeinerte Kunst alter japanischer Farbholzschnitte, chinesische und koreanische Porzellanobjekte mit blassgrünen Seladon-Glasuren, exotische Musikinstrumente samt Tonbeispielen oder bizarre totemistische Holzskulpturen aus Borneo. Ein moderner Anbau aus den 1980er-Jahren ist ganz den Asmat gewidmet, einem Volksstamm auf Papua-Neuguinea, der einen intensiven Ahnenkult betreibt und seine Kanus, Paddel und Ritualgegenstände mit aufwändigen Schnitzarbeiten versieht. Gegründet wurde dieser sehr besondere Musentempel im sogenannten „Palais Weimar" übrigens bereits 1921. Und zwar von Victor Goldschmidt, einem Mineralogen und wohlhabenden Gelehrten, der auch ein passionierter Sammler völkerkundlicher Objekte war und zur Finanzierung des Museums die J. & E. von Portheim-Stiftung initiierte.

Kai Scharffenberger

Völkerkundemuseum der
J. & E. von Portheim-Stiftung
69117 Heidelberg
Palais Weimar
Hauptstraße 235
Fon 06221.22067
www.voelkerkundemuseum-
vpst.de

Öffnungszeiten:
Mi - Sa 14 - 18 Uhr, So und
Feiertage 11 - 18 Uhr.

Capitol in Mannheim

betrachten   genießen

Der Broadway lässt grüßen

Die Leuchtreklame erinnert an den Broadway. Capitol prangt in großen Lettern über dem Portal. Auch drinnen verfügt die kultige Kulturstätte über ein besonderes Flair. Dieses umfängt einen bereits im Foyer, an der Sarotti-Theke, für dessen originalen Schriftzug schon fünfstellige Summen geboten wurden, und setzt sich drinnen, im Halbrund vor der Bühne, nahtlos fort. Kein Wunder: Wo sich heute Künstler vieler Genres präsentieren, wurden einst rauschende Filmpremieren gefeiert. Das Capitol war seit 1927 ein Lichtspielhaus von Rang. Wer zur erhabenen Empore hochsteigt, kann sich in jene Glanzzeit zurückversetzen. Thorsten Riehle erweckte 1998 den zwei Jahre zuvor stillgelegten Filmpalast aus dem Dornröschenschlaf. 300 Veranstaltungen mit Musikgrößen von Pur bis Peter Maffay, von Gentleman bis Max Herre, von Uriah Heep bis Saga, mit Liedermachern, Schauspielern und Comedians locken pro Jahr um die 100.000 Besucher an. Stolz ist Thorsten Riehle auf die Stargäste schon, die immer wieder gerne kommen. Doch für den Geschäftsführer sind die Eigenproduktionen, meist Musicals und Musiktheater, das Herzstück des Hauses: „Hier können wir zeigen, was in unserem Ensemble steckt, nämlich hervorragende Sänger und Schauspieler, die weit über Mannheims Grenzen bekannt sind und von der Capitol Band kongenial ergänzt werden." Keine Frage, die Leuchtreklame verspricht nicht zu viel: Da steckt ein Hauch von Broadway drin.

Gisela Huwig

Capitol Betriebs GmbH
68169 Mannheim
Waldhofstraße 2
Fon 0621.4017140
Veranstaltungsprogramm und weitere Informationen:
www.capitol-mannheim.de
Karten für die Veranstaltungen:
Fon 0621.3367333
(Mo - Fr ab 11 Uhr)

Extras

Die Räumlichkeiten im Capitol, sowohl das denkmalgeschützte Live- und Eventhaus als auch das benachbarte Casino und die Theaterbühne „Casablanca", können für Veranstaltungen gemietet werden – ob Firmenfeier oder Privatfete. Ansprechpartnerin ist Barbara Boll: 0621.40171447.

erleben

betrachten

genießen

Mathaisemarkt in Schriesheim

Schriesheim, zwischen Heidelberg und Weinheim liegend, ist mit einer Rebfläche von 104 Hektar der größte Weinbauort an der Badischen Bergstraße. Der Aufstieg zur Strahlenburg mit Blick auf die Rheinebene und den Haardtrand lohnt sich ebenso wie der Besuch des Bergwerks „Grube Anna-Elisabeth", in dem man Einblicke in Teile des mittelalterlichen Silberbergwerks und in die riesigen Abbauweitungen der Vitriolzeit erhält.
Infos: www.schriesheim.de und www.bergwerk-schriesheim.de.

Das Riesenrad den Frühling bringt

Ein Weinfass direkt am Festplatz haben sie ebenfalls. Wenn auch mit einem Volumen von 16.000 Litern ein eher winziges – sofern ein Vergleich mit dem Bad Dürkheimer Riesenfass (1,7 Millionen Liter) zulässig ist. Trotzdem lässt sich dort am Stand des Weinguts Wehweck inmitten des Trubels, wie auch in den umliegenden Straußwirtschaften und im Zehntkeller, bei einem Gläschen Wein gesellig feiern. Was selbstverständlich der Sinn ist beim alljährlich ersten großen Frühlings- und Weinfest an der Badischen Bergstraße. Acht Tage lang, immer beginnend mit dem ersten März-Wochenende, dreht sich dann das mehr als 40 Meter hohe Riesenrad. Und stiehlt der über Schriesheim liegenden und weithin sichtbaren Ruine Strahlenburg, deren Ursprünge im 13. Jahrhundert liegen, zumindest für kurze Zeit ein wenig die Schau. Bis zu 200.000 Besucher schieben sich an diesen ausgelassenen „Feiertagen" vom Vergnügungspark mit Festzelt und jeglichen Rummel-Attraktionen Richtung Altstadtgassen. Haben sich doch dort unter anderem die Tal- und die Kirchstraße in einen kunterbunten Krammarkt verwandelt, auf dem vom Apfelschälmesser über die gusseiserne Pfanne bis hin zu Zwiebeln für Blumenfreunde allerlei feilgeboten wird. Zwei Höhepunkte des Programms müssen noch ausdrücklich Erwähnung finden: die Krönung der Weinkönigin am Eröffnungsabend und der Festzug der Vereine, der 2014 beim 435. Mathaisemarkt die ereignisreiche 1250-jährige Geschichte der Stadt in den Vordergrund stellte.

Christian Roskowetz

Kunsthalle Mannheim

„Kunst für alle" – diesem Motto folgt das Museum seit seiner Gründung 1909. Die Sammlung der Kunsthalle umfasst Werke von Édouard Manet bis Francis Bacon. In der jüngsten Vergangenheit setzt die kulturelle Institution der Quadratestadt ihren Schwerpunkt auf moderne Skulpturen. Zu sehen sind unter anderem Objekte von Auguste Rodin, Henry Moore oder Thomas Hirschhorn.

68165 Mannheim
Friedrichsplatz 4
Fon 0621.2936452
kunsthalle@mannheim.de
www.kunsthalle-
mannheim.de

Öffnungszeiten:
Di - So und Feiertage
11 - 18 Uhr, Mi 11 - 20 Uhr,
Mo geschlossen.

Deutsches Verpackungs-Museum Heidelberg

Es kommt nicht immer nur auf die inneren Werte einer Ware an – auch die Kartons und Hüllen können sehr reizvoll sein. Das Deutsche Verpackungs-Museum in der Heidelberger Altstadt zeigt, wie spannend und vielfältig Hersteller ihre Produkte verpacken und wie sich Klassiker im Lauf der Zeit verändert haben.

69117 Heidelberg
Hauptstraße 22 (Innenhof)
Fon 06221.21361
boecher@verpackungs-
museum.de
www.verpackungsmuseum.
info

Öffnungszeiten:
Mi - Fr 13 - 18 Uhr,
Sa, So, Feiertage 11 - 18 Uhr;
Mo, Di (außer an Feiertagen)
geschlossen.

Bonsai Zentrum Heidelberg

Natur in Miniaturgröße – Bonsai-Bäume sind mehr als das. Hinter der Pflege der kleinen Kunstwerke steckt viel fernöstliche Philosophie. Im Heidelberger Bonsai Zentrum können unverkäufliche Leihgaben aus Japan bestaunt werden. Wem das Betrachten nicht genügt, kann dort auch seinen eigenen Bonsai auswählen und mit dem geeigneten Zubehör den Vorbildern der Meister nacheifern.

69123 Heidelberg-Wieblingen
Mannheimer Straße 401
Fon 06221.7570762
info@bonsai-heidelberg.de
www.bonsai-heidelberg.de

Öffnungszeiten:
Mi - Fr 14 - 18 Uhr,
Sa 10 - 16 Uhr
oder nach Vereinbarung.

Bienenmarkt Michelstadt

Vor vielen hundert Jahren riss der Legende nach ein Bienenstich einen Wachposten aus dem Schlaf, der so im letzten Moment die herannahenden Feinde bemerken und die Stadt vor größerem Unheil retten konnte.

Aus Dankbarkeit feiern die Michelstädter seit 1955 den Bienenmarkt, der traditionell am Freitag vor Pfingsten startet und zehn Tage dauert.

Geboten werden zahlreiche Fahrgeschäfte und ein abwechslungsreiches Rahmenprogramm.

64720 Michelstadt
Festplatzgelände
am Wiesenweg
Fon 06061.9794120
kulturamt@michelstadt.de
www.michelstadt.de

Café Central Weinheim

Mit dem gleichnamigen Wiener Traditions-Kaffeehaus hat die Institution in Weinheim nichts gemeinsam.

Statt Spezialitäten aus gerösteten Bohnen stehen hervorragende Musiker unterschiedlichster Stilrichtungen von Reggae, Rock bis Pop und Comedy auf dem Programm. Seit mehr als 18 Jahren hat sich das Café Central so in der Region einen Namen gemacht.

69469 Weinheim
Bahnhofstraße 19
Fon 06201.13093
booking@cafecentral.de
www.cafecentral.de

Heidelberger Frühling

Das klassische Musikfestival will keine Einbahnstraße sein – neben festlichen Konzertabenden mit den Besten der Szene aus aller Welt steht der Austausch zwischen Akteuren und Publikum ganz oben auf der Agenda.

Innovative Veranstaltungsformate, Dialoge und Diskurse beim Streichquartettfest und der Festival Akademie sollen Denkanstöße liefern. Seit 1997 verbinden die Macher so alljährlich im März und April Tradition mit modernen Strömungen in der klassischen Musik.

69117 Heidelberg
Friedrich-Ebert-Anlage 27
Fon 06221.5840000
heidelberger-fruehling@
heidelberg.de
www.heidelberger-
fruehling.de

Schwetzinger SWR Festspiele

Das Schwetzinger Schloss ist mit historischen Sälen und der prächtigen Gartenanlage seit 1952 die einzigartige Kulisse für ein internationales Festival der Klassik. Opern von Komponisten wie Werner Egk, Salvatore Sciarrino oder Georg Friedrich Haas feierten hier Premiere. Das Schloss wird alljährlich im Frühjahr zur Bühne für Kammer- und Orchesterkonzerte mit Weltstars und begabten Nachwuchskünstlern.

76530 Baden-Baden
Hans-Bredow-Straße
Fon 07221.92924990
www.swr.de/swr2/festivals/
schwetzinger-festspiele

Finkenbach-Festival

Ehrliche Rockmusik mitten im Odenwald – das legendäre Open Air in Finkenbach begeistert seit 1977 eine stetig wachsende Fangemeinde. Traditioneller Stammgast bei der Veranstaltung ist die Band Guru Guru, deren Mitglieder auf mehrere Jahrzehnte Bühnenerfahrung zurückblicken können. Die Anhänger von handgemachter Musik zählen alljährlich die Tage, bis Mitte August beim Finkenbach-Festival wieder gerockt werden kann.

64757 Finkenbach
Sportplatz
Fon 06235.491997
www.finkenbach.de

De Appel uffm Kopp, de Woi im Rücke un vornenaus
en Blick ins Paradies: das Kraichgau von seiner
schönsten Seite. Wer einmal von oben bei der Wall-
fahrtskapelle ins musikalisch geschwungene Grün
der Hügel mit Reben und Wald und Obstplantage
geguckt hat, der fühlt sich high-matlich verbunden
mit Kur und Pfalz und Toskana und Provence in de
Provinz. Aussicht: grandios fruchtbar, zum noi- un
hielege. Comedyantische Recherche-Möglichkeiten:
keine (zu schää fer zum Uze).

Lieblingsplatz:
Kraichgau
(Wiese bei Malsch)

Ausflug

Der perfekte Sonntagsausflug

Es ist bekannt, dass die Massen aus der rechtsrheinischen Kurpfalz sonntags gerne über die Brück fahren Richtung Pfalz. Man fährt über LU drüwwer, guckt kurz runner, un braust dem Garten Eden(koben) entgegen ... Was soll des bloß werden, wenn die Hochstraß bald saniert und teilweis abgerisse werd?! Dann geht's net drüber, dann geht's drunter und drüber, nämlich direkt durch LU, des dann awwer net im Nu, weil dann stehschd im Stau, Kurpfälzer du, un LU guckt zu!

Und dann schleicht man die Weinstraße mit 30 km/h entlang auf der Suche nach der passenden Abfüllstation. Erst „slow move", dann „slow food". Proschd-zu-voll-die-Palz. Das ist wie ein Autokorso, der sich von Winzerdorf zu Winzerstadt schlängelt: „Guck mal, da sitzt ein Eingeborener vor seinem Sandsteinhaus, wie idyllisch. Er hält ein Schild hoch: Ortsumgehung jetzt! Gelfießler zurick üwwer die Brück! – Wie meint

der des jetzt?" Mittendrin der Reisebus aus Osnabrück, begeisterte Insassen zeigen nach draußen und rufen: „Guck ma, da vorne wächst die Schorle!".

Des is so arg, dass die Eingeborene, die an der Weinstraße wohnen, sonntags die Rolläde runnerlasse und sich im Schlafzimmer verrammeln ... äh, Tschuldischung, des könnt man jetz zweideutig verstehen (war aber aa genau so gemäänt). Oder sie nehmen Reißaus, fahren nach Rheinhessen und trinken dann sogar freiwillig denne ihrn Wein von dort. Oder aber: Sie machen einen Ausflug üwwer die Brück zurick, von der Pfalz in die Kur!

Und plötzlich erschließt sich ein ganz neues Land ... die High-mat ist schöner als man denkt und größer, als es Brücken und Bundesländergrenzen glauben machen wollen. *Hinaus ihr Pfälzer – un niwwer iwwer die Brick!*

Hier kommen Chakos Spezial-Vorschläge für den gelungenen Sonntagsausflug, thematisch geordnet und wild gemischt. Je nach Lust und Laune und Hunger- und Durst-Zustand können diese Touren auch untereinander kombiniert, abgekürzt, anders, wilder, kleiner oder gar net gemacht werden. Oder ma bleibt dehääm und googelt alles im Netz nach, also virtuell, gell?!

Die Bäume-Tour

Wir fahren nach Mannheim in den Käfertaler Wald, parken am Parkplatz Karlstern und machen einen kleinen Auftakt-Spaziergang. Der Wald besteht hauptsächlich aus Kiefern, eingezäunten Wildschweinen und Spaziergängern in grau-beigen Außentür-Jacketts. Klingt jetzt schlimmer als schön, ist aber auf jeden Fall überraschend naturwild – mitten in Mannem. Weiter geht es auf der B 38 nach Weinheim, hinauf zum Schloss und in den Exotenwald mit der (Achtung Superlativ!) größten Zeder Deutschlands. Hier ist alles e bissel annerschder als in anderen Parks. Eben wegen der Bäume, von denen viele nicht nur exotisch, sondern richtig alt sind. Zu verdanken hat man das einem Freiherrn Christian von Berckheim, der einst von seinen ausgedehnten Reisen Setzlinge exotischer Bäume mit nach Hause brachte und hier anpflanzte. So entstand (Superlativ!) der größte Exotenwald Europas. Wenn die Touristen aus Norddeutschland dann dort durchspazieren und hören, wie die Eingeborenenmutter ihr Kind darauf hinweist, dass es nicht freihändig Fahrrad fahren soll: „Heb disch! Geb acht, wie oft haww isch der des gsacht?!" – dann denkt der sensible Tourist, dass so ein Exotenwald wohl nirgendwo anders besser hinpasst als hier zu den poetischen Sprachwilden Deutschlands.

Und weiter geht es auf der Bäume-Tour in den tiefen Odenwald nach Grasellenbach, Ortsteil Hammelbach, zum Wanderziel „Krumme Tanne". Die Tanne ist eine etwa 300 Jahre alte Kiefer (!), damit (Superlativ!) die älteste und mit 1,7 Metern Stammumfang auch die stärkste Kiefer des Odenwalds.

Logisch, dass so etwas unter Satire- und Naturschutz steht. Es ist wohl nur eine Frage der Zeit, bis das alles zum UNESCO-Weltnaturerbe erklärt wird. Jetzt nicht unbedingt der Baum, sondern vielmehr der rhetorische Umgang der Eingeborenen damit. Die Webseite www.grasellenbach.de bringt's auf den Punkt: „Viele Besucher möchten die „Krumme Tanne" in Krumme Kiefer umtaufen, aber für den Odenwälder ist im allgemeinen Sprachgebrauch alles, was Nadeln hat, erst mal eine Tanne." Na alla, dann wär des aa geklärt!

Und der letzte Abstecher auf diesem Trip der wundersamen Bäume ist der Waldlehrpfad in Ober-Schönmattenwag, der nicht nur wegen des Ortsnamens einen Abstecher wert ist. Dies ist immerhin der (Superlativ!) älteste Waldlehrpfad Deutschlands und wurde 1957 von einem – na was? – genau! – einem Lehrer mit Namen Rupprecht Bayer angelegt. Er wollte damit das Naturverständnis und das Umweltbewusstsein fördern. Seine Schulkinder, so geht die Sage, waren dabei willige Helfer beim Erstellen der Tafeln und Schilder. Alles nach dem Motto: „Ihr Menschen, habt Ehrfurcht vor dem Walde!" Scheint grad so, als hätte der gute Herr Bayer prophetisch vorhergesehen, was ein paar Jahrzehnte später in seinem Wald abgeht, wenn sich wackere Wanderer mit bretternden Mountain-Bikern Waldweg-Scharmützel liefern. Aber bleiben wir positiv und rekapitulieren: Ober-Schönmattenwag ist der Ort, in dem der Vater des Waldlehrpfades wirkte und so in die Geschichte einging. Sehr gut, setzen beziehungsweise weiterwandern!

Die Römer-Tour

Wie überall haben auch hier die Römer, oder wie die Eingeborenen sie lieber nennen: die Räämer, ihre Spuren hinterlassen. Wir starten in Ladenburg, der römischen Hauptstadt der Kurpfalz. Ein Spaziergang durch mittelalterliche Gassen, hinein in den Bischofshof mit Kirche, grünem Rasen, ein paar Ausgrabungen und der Jupitergigantensäule aus dem Jahr 200 nach Christus. Hier draußen ist sie nur eine Nachbildung, gleich nebenan steht das bestens erhaltene Original im Lobdengau-Museum. Aber auch nur deswegen, weil die Alemannen (also die Vorfahren der Gelfießler) sie niederrissen und dann einfach in einen Brunnen warfen. Dort wurde sie später beim Neubau eines Hauses entdeckt.

Wer will, kann dann einen Sprung durch die Jahrhunderte wagen, von den Pferden und Ochsenkarren der Römer direkt zu den Benzinkutschen ins Benz-Automuseum. Lockere 1.600 Jahre liegen dazwischen. Hier kann man die Geschichte des Automobils anhand der ausgestellten Oldtimer nachvollziehen. Kann es dafür einen besseren Rahmen geben als die alten Fabrikhallen der originalen hier vom Benze-Vadder selbst gegründeten Firma C. Benz & Söhne?

In Ladenburg sind ein paar Jahrhunderte in wenigen Schritten zu bewältigen. Hier bietet sich übrigens wirklich an, das Ganze erst mal virtuell zu machen. Net wegen der Faulheit, sondern weil die Webseite des Museums so herzig gestaltet und einladend formuliert ist: „Ich begrüße Sie in der 1900-jährigen Stadt Ladenburg, der ältesten deutschen Stadt rechts des Rheins. Ich bin „Lopi", Ihr Stadtführer. Begleiten Sie mich zu 20 Höhepunkten aus 20 Jahrhunderten." Ha! Do hot sich mol jemand was ausgedacht. Klingt niedlich, aber wer hinter die Wort-Kulissen der Stadtverwaltungs-Rhetoriker zu blicken bereit ist, der spürt mit Schmunzeln der Geschichte ihre Runzeln ...

Und weiter geht's wieder direkt hinein in den Odenwald zum Obergermanisch-Raetischen Limes. Und der ist diesmal wirklich UNESCO-Weltkulturerbe, seit 2005. Do war dereinst und sellemols die Grenz zwische de eingeborene Wilde auf der eine und außergewärtisch-römische Zuvielisierte auf de anner Seit. Mitte durch de Odewald! Was kein Zufall sein kann, denn auch heute kämpfen edle Kurpälzer Wilde darum, trotz ihrer barbarische Sprooch als Zuvielisierte anerkannt zu werden. Bei de Räämer hätten sie aber wahrscheinlich noch weniger eine Chance gehabt als heute bei den Hochdeutschen. Der Limes war früher eine befestigte Grenze mit Türmen, Palisaden und Befestigungsanlagen. Immerhin ist er 500 Kilometer lang und damit (Superlativ!) das längste Bodendenkmal Europas.

Gut, viel sieht ma jetz net grad. Aber die Grundmauern und Überreste von dem ein oder andere Wachtürmche sind immer noch zu erkennen. Wemma halt genau hieguckt. Immerhin sind die Trümmer bald 2.000 Jahre alt. Und wenn de Bu beppert, dass er sich des alles annerschder vorgstellt hat, weil uff seiner Playstation is des alles viel größer un bunter, dann kriegt sei Gosch Stubenarrest, und ab geht's nach Osterburken ins Römermuseum. Wenn er aber schön brav war und alles auswendig gelernt hat, was die Ur-Italiener so getrieben haben bei uns, dann geht's zur Belohnung ins Felsenmeer nach Lautertal-Reichenbach.

Das ist die Ur-, die Keim-, die Eizelle des Abenteuerspielplatzes. Jede Generation Kurpfälzer kennt diesen kindheitlichen Ausflugs-Sehnsuchtsort. Wahrscheinlich sind hier sogar schon in der Eiszeit die Kinder gern rumgeklettert. Und die Eltern haben ihnen auch damals schon erzählt, dass unter den Felsblöcken ein Riese schläft: „Wenn der anfängt nachts zu schnarchen, dann fällt alles in sich zusammen." Woraufhin die Kinder wohl auch damals schon vor Lachen vom Felsklotz runner uff de Appel gfalle sin. Ach Gott, wie putzig Mama und Papa doch sein können, wenn sie einen auf Hollywood machen wollen. Wer's genau und wissenschaftlich fundierter haben will, der bekommt im Felsenmeer-Informationszentrum geologische Hintergründe geliefert, mitsamt einer Zusammenfassung der Entstehungsgeschichte der Erde. Wie war des jetzt awwer mit de Räämer? Dass die hier auch zugange waren, ist ja klar. So viel Stääner ham die sich net entgehe losse. Un wie se do gschafft ham, also besser gesagt, ham schaffe losse. Fast 300 unfertige oder beschädigte Werkstücke, verteilt auf 15 Werkplätze, haben die Römer auf dem Felsberg hinterlassen. Interessant, wie oft die Jungs auch einfach mol denewe gehauen haben, statts gezielt un dewedder.

„Eine besondere Hinterlassenschaft ist die Riesensäule im oberen Bereich des Felsenmeeres: 9,3 m lang und 27,5 t schwer. Kaum ein Werkstück des Felsberges wurde eingehender beschrieben und detaillierter untersucht. Drei begonnene Sägeschnitte deuten darauf hin, dass versucht wurde, die Säule zu zerteilen und wegzuschaffen. Der Domstein am Trierer Dom ist ein Rest der Riesensäule am Felsenmeer." (Wikipedia) Das klingt alles ziemlich sachlich und wird der Zauber-Atmosphäre des Felsenmeeres so gar nicht gerecht. Wer's mythischer und geheimnisvoller will, der sollte sich den „Felsenmeerkobolden" anvertrauen. Das sind ein paar äußerst rührige Odenwälder, die eigentlich als Buchautoren anfingen und dann ab Ende der 1990er-Jahre direkt vor Ort ihre ersten „Sagenwanderungen" durchführten. Heut heißt's zeitgemäßer: „Erlebnispädagogik für Kinder" und „Teambuilding-Rallyes für Erwachsene" (www.felsenmeerkobolde.de). Schäni Sach! Wer mehr wissen will über die wilden Wesen, die im Felsenmeer leben, und über all die Geheimnisse dieses sagenumwobenen Waldes, der sollte sich Kobold „Kieselbart" oder „Urisula", der Felsenmeerhexe oder „Köhlers Bawweddsche" anvertrauen. Allein die Namen schon. Wenn des ke Laune macht, dann bleibt halt dehääm un guck Dschungelcamp, weeschwieschmään?!

Die Kur/Pfalz als Wellness-Trip.

Die Siegfriedbrunnen-Tour

Die Nibelungen haben gewusst, wo es sich gut leben lässt. Sie waren wohl die originalen Rhein-Neckar-Metropolitaner. Überall hier in der Region haben sie ihre Spuren hinterlassen. Wobei leider ausgerechnet die tollsten Sachen unklar geblieben sind. Keiner weiß zum Beispiel, wo der sagenumwobene Schatz geblieben ist, der im Rhein versenkt worden sein soll. Vielleicht war das Ganze nur ein Werbegag, den die Nibelungen in die Welt gesetzt haben, um ihre Marke über die Jahrhunderte hinweg zu etablieren – wie saacht ma heit: Branding. Jo, des basst zu denne. Am End liegt der Schatz gar net im Rhein, sondern im Tresor vom Bernsteinzimmer oder so. Und was auch völlig unklar ist: wo der Held der Sage, der umwobene, der große Siegfried seinen schmählichen Tod fand. Der Sage nach wird der ruhmreiche Drachentöter von seinem Lieblingsfeind Hagen an einem Brunnen meuchel-

rücks und hinterwärts erstochen. Bloß wo genau die Wasser-
stell war, weeß kenner, also weder Laie noch Kenner. Weil
halt das alte Heldenepos mit seinen geografischen Angaben
e bissel sagenumwoben umgegangen ist. Schon schlägt die
Stunde der Geschichtsforscher und Tourismusbetreiber und
man kann einen wunderbaren Ausflug daraus machen: von
der Siegfried-Meuchelstätte zum Siegfried-Brunnen.

Insgesamt sieben echte und durch fremdenverkehrsför-
derndes Prospektmaterial nachgewiesene authentische Tat-
orte gibt es in der Region. Wir fahren vom Brunnen in Oden-
heim im Kraichgau nach Grasellenbach, wo es so idyllisch ist,
dass man einfach glauben will, dass de Siegfried hier un nur
do ... Aber weiter geht's nach Mossautal zum „Lindelbrunnen"
und dann ins Felsenmeer bei Lautertal (klar, dass bei all de
Räämer un de Kobolde im Felsenmeer aa noch die Nibelunge
debei sei müsse!). Dann fahren wir nach Amorbach zur „Zit-
tenfeldener Quelle" und wieder hinaus zur Bergstraße nach
Heppenheim (aa net schlecht!). Wobei die Stadt alleine schon
eine Reise wert wär, allää der Marktplatz und die Vettel-Ma-
nie in der Luft üwwerall!

Wo ist der echte Brunnen? Bei aller Ramondik, die diese Brünnlein verplätschern, die Geschichtsforschung raubt
einem die Illusion wieder, belegt sie doch, dass all die Orte
eigentlich zu weit entfernt sind von Worms, als dass der böse
Hagen hier den blonden Siegfried gemeuchelt, den Tatort ge-
reinigt und dann schnell wieder heim und so weiter ...

Könnte es deshalb sein, dass ausgerechnet der Forscher
Recht hat, der die Siegfriedquelle an den wahrlich roman-
tischsten Ort der gesamten Region verlegt: nach Edigheim
bei Ludwigshafen, das nur elf Kilometer von Worms entfernt
liegt. Hier muss zur Zeit der Nibelungen idyllischer Wald gewesen sein. Die alte Quelle existiert wohl auch noch, so wird
behauptet. Nur sieht man sie halt leider nimmi. Warum? Weil

sie von einer Großkläranlage der BASF überbaut is. So ramondisch ist eben die kur/pälzische Ge-chichte ... Was haben wir am Ende der Tour gelernt: Solang die Quelle in Edigheim net wieder freigelegt wird und die Anilin dort wieder Wald anpflanzt, so lang glauben wir, dass die wahre, die echte Siegfriedquelle irgendwo im Odenwald oder im Kraichgau oder an der Bergstraße liegt. Äfach, weil's dort e kläänes bissel schääner is, weeschwieschmään?!

Der Chako-Kindheits-Sentimental-Gedächtnis-Ausflug

Jeden zweiten Sonntag ging's mit dem VW-Passat von Mannheim-Vogelstang die B 38 nach Weinheim und von dort in den Odenwald hinein. Ach Gott, wie schää, wenn man die Trabantenstadt un ihrn Beddon hinter sich lässt und dann eintaucht in den Wald: Bäume, Vögel, Bächlein und ... Kurven, immer wieder Kurven. Des hat dem Klääne auf dem Rücksitz besonders Spaß gemacht. So arg, dass die Eltern immer mal wieder anhalten mussten, damit der Magen sich wieder beruhigen konnte. Warum aber hot der Bu das immer wieder freiwillig und sogar gern ertragen? Wegen dem Wiener Schnitzel, das tellerüberhängend auf ihn wartete in der Odenwälder Wirtschaft kurz vor der Kreidacher Höhe. Heute gibt es dort eine Sommerrodelbahn. Des wär damals noch ein Grund mehr gewesen, größte Strapazen auf sich zu nehmen. Aber sellemols is ma halt äfach nur bissel gewandert und dann eingekehrt. Um einen rum Zigarettenrauch, Äppelwoi-Schweiß und Schwaden von 4711. Un schunn war de Bu im Delirium – un fertig war das perfekte Wochenende.

Im Winter ging's mit der Jugendgruppe zum Langlaufskifahren nach Siedelsbrunn. Die Autos an der Klinik abgestellt und dann ab durch de Winterwald. Auch da war nicht der Weg, sondern das Ziel das Ziel: die Stiefelhütte Heiligkreuzsteinach. Die Skier in de Schnee gsteckt und drin gab's Erbsesupp un Gliehwoi. Schon ist man sich vorgekommen wie im Allgäu. Obwohl man nur 500 Meter hoch im heimisch-heimeligen Odenwald war. Eigentlich werden in diesem Buch aus verschiedenen Gründen (fragen Sie die Herausgeber!) keine gastronomischen Betriebe genannt. Aber hier muss eine Ausnahme gemacht werden. Wegen dem Alleinstellungsmerkmal. Nie war das Wort zutreffender als in diesem Fall. Die Stiefelhütte steht allein auf weiter Flur, mitten im Wald, und sie gibt es heute noch. Das ist „old school" bester Art. Einkehrstation, Pilgerstätte, gastronomisches Museum. Ein wunderbares zeitloses Stück Gegenwartsgeschichte. Wie's hier aussieht und zugeht? Gugg der die Webseit o, un alles is klar:

„Willkommen bei der Waldgaststätte Stiefelhütte
Öffnungszeiten: Täglich von 10 - 18 Uhr
Odenwälder Vesperkarte (warm und kalte Speisen)
Donnerstag und Freitag Ruhetag. Nach telefonischer Absprache kann für Gruppen geöffnet werden (Wenn Donnerstag oder Freitag ein Feiertag ist, ist unser Lokal offen!!). Bitte um telefonische Anmeldung ab 10 Personen täglich.
Wegbeschreibung: Parkplatz Siedelsbrunn (an der Hardbergklinik) oder Naturparkplatz Lichtenklingerhof. Von dort aus Wanderweg „Si 5" oder dem „roten Weinglas" an den Bäumen folgen.
Für 15 bis 20 Pferde steht ein Parkplatz zur Verfügung."

Donkschää, dass es so ebbes noch gebbt!!!

Felsenmeer in Lautertal-Reichenbach

erleben

entdecken

Wo die Riesen mit Steinen warfen

Hätte sich der Hohensteiner Riese doch etwas mehr Mühe gegeben und die größten Brocken bis hinunter ins Tal geworfen! Dann wäre die Ersteigung des Felsenmeeres zum Ende hin, nach rund 900 Meter Luftlinie und über 250 Höhenmetern, nicht ganz so kraftraubend. Doch mit jedem erkletterten Meter wachsen die Quarzdiorit-Blöcke an, bis sie dem Ermüdeten mächtig den Weg versperren und ihn wirken lassen wie ein Zwerg vor dem Berg. Dass dieses sich so einzigartig den Hang hinaufziehende Felsenmeer das Ergebnis eines Streites zwischen zwei Steine werfenden Riesen ist, gehört natürlich ins Reich der Fabeln. Aber Kinder, die hörbar mit Spaß über das graue Gestein krabbeln und springen, finden diese Geschichte schön. Und gruselig: Soll doch der unterlegene Riese unter diesem „Meer aus Felsen" begraben sein und stöhnen, wenn man fest auf die Steine tritt. Entstanden ist das Blockmeer in einer Zeitspanne von rund 390 Millionen Jahren. Erst kollidierten zwei Kontinente, dann bildete sich ein Gebirge, später Klüfte, danach runde Blöcke ... Na ja, ganz genau lässt man sich das am besten im Felsenmeer-Informationszentrum (FIZ) direkt am Fuße des „Meeres" erklären. Auf dem Weg nach oben passiert man weitere steinerne Naturdenkmäler: von Römern bearbeitete Felsen, die zu schwer für den Abtransport waren und daher bis heute vor Ort liegen, wie die über neun Meter lange „Riesensäule" (einst für den Trierer Dom vorgesehen) oder den „Altarstein".

Christian Roskowetz

Felsenmeer-
Informationszentrum (FIZ)
64686 Lautertal
Seifenwiesenweg 59
Fon 06254.940160
information@felsenmeer.eu
www.felsenmeer-informations-
zentrum.eu

Öffnungszeiten:
März - Okt Mo - Fr 10 - 16 Uhr
Nov - Feb Sa, So 10 - 16 Uhr

Extras

Wer nicht nur über Felsen klettern möchte, findet hoch und runter einen gemütlichen Waldweg, der im Zickzack immer wieder das „Meer" kreuzt und auch mit Kinderwagen oder als älterer Mensch begehbar ist.

erleben   genießen   erfahren

Exotenwald, Schlosspark und Hermannshof in Weinheim

Ausflug von Baumart zu Baumart

Ein Riese würde sich den Elefantenohrbaum im Weinheimer Schlosspark als Kletterbaum aussuchen: mit einem Kronendurchmesser von 19 und einer Höhe von 20 Metern ein beachtliches Gingko-Exemplar. Auch die Libanonzeder, eine der größten Deutschlands, könnte ihm gefallen. Und erst die Mammutbäume im angrenzenden Exotenwald! Bis zu 60 Meter ragen dort Baumwipfel in den Himmel. Doch nicht nur die Größe lässt Besucher staunen. Es ist auch die Anzahl. Auf dem Hügel über der Altstadt bestehen ganze Waldstücke aus Zypressen, Magnolien oder Ahornbäumen aus Asien, Afrika oder Nordamerika. Hinweisschilder tragen neben Entfernungen keine Ortsangaben, sondern führen von Baumart zu Baumart. Dieser Artenreichtum geht vornehmlich auf den Freiherrn Christian von Berckheim zurück, der vor rund 150 Jahren mit der Bepflanzung begonnen hat. Und noch lange danach hat man nicht aufgehört, neue Bäume zu setzen. Prachtvolle Frühlingsblüten, buntes Herbstlaub – jede Jahreszeit lockt aufs Neue in das öffentliche Waldstück. Zusammen mit dem Schlosspark im englischen Stil mit Blumenbeeten und einem Ententeich bieten sich die Grünanlagen für einen kurzen Spaziergang mit dem Kinderwagen ebenso an wie für die sportliche Laufrunde. Dabei ist man nie weit von der Altstadt entfernt. Bewegungsmuffel können daher auch auf Besichtigungstour gehen, sich im Heilkräutergarten Thymian unter die Nase reiben oder die Staudenbeete im nahen Hermannshof anschauen. Alles nur einen Kronendurchmesser voneinander entfernt.

Ute Günther

Exotenwald, Schau- und Sichtungsgarten Hermannshof und Schlosspark
mit Heilpflanzengarten
69469 Weinheim
Stadt- und Tourismusmarketing Weinheim e.V.
Fon 06201.874450
info@weinheim-marketing.de
www.weinheim-marketing.de
unter der Rubrik Tourismus

Extras:
Es gibt unterschiedliche Führungen durch die Park- und Grünanlagen. Info beim Stadt- und Tourismusmarketing Weinheim.

Klosterkirche in Amorbach

betrachten   entdecken

Amorbacher Rokoko

Wer der im pfälzischen Wattenheim an der A 6 beginnenden B 47 durch die Rheinebene und den Odenwald folgt, gelangt ins schon bayerische Amorbach und stößt hier auf Schritt und Tritt auf die bis in die 1790er-Jahre in Bad Dürkheim regierenden Fürsten von Leiningen. Von den Franzosen aus dem angestammten Gebiet vertrieben, erhielten sie 1803 als Entschädigung aus widerrechtlich enteignetem Kirchengut eine neue Heimat, das vormalige Reichskloster Amorbach, dessen Gebiet sie noch wenige Jahre regieren durften und seither privat besitzen. Aus der katholischen Klosterkirche im lichtesten, prachtvollsten Rokoko (1742, entworfen von Maximilian von Welsch unter Einbeziehung der mächtigen romanischen Westtürme des 12. Jahrhunderts, stuckiert von den Wessobrunner Meistern Feichtmayr und Übelherr) wurde eine evangelische Schlosskirche. Die Fürsten beschränkten sich darauf, das Abtswappen über dem Altar durch ihr eigenes zu ersetzen und einige Kniebänke im vorderen Teil schräg stellen zu lassen, sodass sie zu protestantischen Fußbänkchen wurden. Ansonsten ist die Kirche seit 200 Jahren unverändert und von keinem durch Liturgiereformen bedingten Umbau, von keinen Lampen und Lautsprechern behelligt. Besichtigen kann man sie nur geführt (man sollte eine Führung mit Demonstration der herrlichen Stumm-Orgel von 1782 wählen), aber man darf so lange bleiben, wie man will, und sollte daher warten, bis man den herrlichen Raum allein hat. Und dann: Kuchen im wundervoll altmodischen Café schräg gegenüber.

Roland Happersberger

Benediktinerabtei Amorbach
Informationszentrum
Bayerischer Odenwald
63916 Amorbach
Schlossplatz 1
Fon 09373.200574
amorbach@odenwald.de
www.odenwald.de
www.fuerst-leiningen.de

Extras

Wegen Innenrenovierung 2014 eingeschränktes Besichtigungsprogramm mit Erläuterung der Bauarbeiten. Bis 2. Nov täglich öffentliche Führungen um 12 und 15 Uhr. Die Wiedereröffnung ist für Frühjahr 2015 vorgesehen. Außerdem sehenswert: Templerhaus mit einem Fachwerkobergeschoss von 1291, eines der ältesten Fachwerkhäuser, und gotische Kapelle Amorsbrunn am Stadtrand.

Märchenparadies
auf dem Heidelberger Königstuhl

erleben

betrachten

Eine Runde auf der „Reitbahn"

Zuerst mit der Hexe auf dem Besen reiten, die Rutsche des großen Spielplatzes testen oder doch lieber auf dem Trampolin hüpfen? Direkt hinterm Kassenhäuschen wird blitzschnell die Entscheidung getroffen. „Murgel" der Tausendfüßler soll es sein. Auf dem möchte Tilda zuallererst eine Runde drehen. Gute Wahl. Für den Anfang ist die gemächliche Tour mit dem wurmartigen Bähnchen genau das Richtige. Denn wenn dieses Abenteuer gemeistert ist, traut sich die Vierjährige auch ganz alleine auf die ebenfalls auf Schienen fahrenden, aber ordentlich schaukelnden Pferdchen der „Reitbahn". Für Tildas Alter ist das Heidelberger „Märchenparadies" hoch oben auf dem Königstuhl, dem Heidelberger Naherholungsgebiet, ideal. Die meisten Bähnchen, Karussells und Spielgeräte des kleinen Freizeitparks sind für Kindergartenkinder bestens geeignet. Aber auch Grundschüler finden zum Beispiel mit einem Autoscooter, Wasserpistolen-Spiel und ferngesteuerten Modellbooten noch einige altersgemäße Beschäftigungen. Und dann sind da ja noch die Märchenhäuser, die mit Figuren und einer Erzählstimme vom Band „Rumpelstilzchen", „Schneewittchen", „Tischlein deck dich" und Co. in Kurzfassung zeigen. Selbst für die Mamas und Papas noch interessant sind die fünf Mühlen-Modelle, bei denen anschaulich die Funktionsweise etwa einer Ölmühle erklärt wird. Da das Gelände durchaus überschaubar ist, fühlen sich die Kinder nicht überfordert – alles kann an einem längeren Nachmittag in aller Ruhe ausprobiert werden.

Tobias Grauheding

Märchenparadies
69117 Heidelberg
Königstuhl 5
Fon 06221.23416
www.maerchenparadies.de

Öffnungszeiten:
März - Okt täglich ab 10 Uhr, Mo - Sa bis 18 Uhr (Juli und Aug bis 19 Uhr), So und Feiertage bis 19 Uhr.

Extras:
Gut erreichbar ist der Freizeitpark neben dem Auto auch mit der Heidelberger Bergbahn (Seite 106) und der Stadtbuslinie 21.

Erbach und Michelstadt

betrachten   erfahren   entdecken

Pittoreskes Fachwerk und spektakuläre Sammlungen

Kaum jemand dürfte für das Odenwaldstädtchen Erbach und die heute dorthin kommenden Touristen mehr getan haben als der letzte regierende Graf Franz I. (1754-1823). Daher sollte der Reisende seinem Denkmal vor dem Schloss die Reverenz nicht verweigern. Universitär gebildet und weit gereist, gab Franz seinem kleinen Ländchen wesentliche Impulse: Ihm ist es zu verdanken, dass Erbach bis ins 20. Jahrhundert das Zentrum der Elfenbeinschnitzerei in Deutschland war – ein viel besuchtes sehenswertes Museum erzählt dem Besucher davon. Sein Schloss machte er zum – bis heute wenig veränderten und daher einzigartigen – Museum. Über zwei Stockwerke ließ er einen gewölbten neugotischen Rittersaal einbauen, um reiche Sammlungen von Waffen, Ritterrüstungen (inklusive prächtiger Pferdepanzer) und farbigen Glasgemälden aus Mittelalter und früher Neuzeit aufzustellen. Am spektakulärsten sind aber die römischen Zimmer für die Antiken, die Franz I. aus Rom und Pompeji mitgebracht hat. Kaiserporträts und ein erstklassiger Bildniskopf Alexanders des Großen sind dabei. In Wandvitrinen liegen römische Relikte, die Franz am nahen Odenwaldlimes systematisch ergraben und wissenschaftlich akribisch dokumentiert hat. Pittoresk ist Erbachs Altstadt, ebenso wie die des mit Erbach faktisch schon zusammengewachsenen Michelstadt, dessen gotisches Fachwerk-Rathaus aus dem 15. Jahrhundert ein typisches Kalendermotiv ist. Ein Schatz aus dem 9. Jahrhundert sind die alten Mauern und Dächer der Einhardsbasilika im Ortsteil Steinbach.

Roland Happersberger

Gräfliche Sammlungen
im Schloss
Schlosshof (Alter Bau)
64711 Erbach im Odenwald
Marktplatz 7
Fon: 06062.809360
info@schloss-erbach.de
www.schloss-erbach.de

Deutsches Elfenbeinmuseum
64711 Erbach im Odenwald
Otto-Glenz-Straße 1
Fon: 06062.919990
elfenbeinmuseum@erbach.de
www.elfenbeinmuseum.de

Einhardsbasilika
64720 Michelstadt-Steinbach
Schlossstraße 17
Fon: 06061.73967
info@schloesser.hessen.de
www.odenwald.de

erleben

betrachten

genießen

Benediktinerabtei Stift Neuburg

Klosterbier, Vesper und zwei nette Esel

Man kann es bequem haben und mit dem Auto direkt auf dem Stiftsweg, der Zufahrt zum Kloster, parken. Wer es aber schön mag, einem idyllischen Spaziergang von etwa 80 Minuten nicht abgeneigt ist, belohnt mit herrlichen Blicken auf die Heidelberger Altstadt, aufs Schloss und ins Neckartal – der beginnt seinen Ausflug am Philosophenweg, bis sich der Wald dann für Streuobstwiesen öffnet und die Klosteranlage mit der Bio-Landwirtschaft zeigt. Für Kinder machen Ponys, Kälber, Hasen und zwei Esel, die sich gerne streicheln lassen, das Stift Neuburg zum Ausflugserlebnis. Dem durstigen Wanderer allerdings läuft beim Anblick der Klosterbrauerei das Wasser im Munde zusammen. Während die erfrischenden Bio-Bierspezialitäten hier allerdings erst seit 2009 gebraut werden, reichen die Ursprünge des Klosters zurück bis ins 12. Jahrhundert. Nach einer wechselvollen Geschichte wurde es 1926 wieder den Benediktinern übertragen und gehört seitdem der Erzabtei Beuron an. Mehr über das nicht zugängliche Kloster erfährt man bei den öffentlichen Führungen. Die ermöglichen an bestimmten Tagen auch die Teilnahme an der gregorianischen Vesper der Mönche in der Klosterkirche mit ihren schönen Glasfenstern. Das Angebot „Kloster auf Zeit" dagegen richtet sich speziell an Männer, die das klösterliche Leben näher kennenlernen möchten. Apropos Angebot: Stärkung für den Rückweg bietet der Hofladen mit regionalen Produkten und das kleine Gasthaus „Zum Klosterhof" mit seinem Biergarten.

Christian Roskowetz

Klosterhof Neuburg
69118 Heidelberg
Stiftweg 2-4
Fon 06221.8950
www.klosterhof-neuburg.de
www.abtei-neuburg.de

Extras

Öffentliche Klosterführungen: März bis Okt immer am letzten So im Monat, Beginn: jeweils 14 Uhr, Dauer: 60 Minuten; Treffpunkt: Turm beim Klostertor, eine Anmeldung ist nicht notwendig; die Führung ist kostenlos, Spenden willkommen; Infos: 06221.3262594.

Beerfelder Pferde-, Fohlen- und Zuchtviehmarkt

Ein tierisches Vergnügen bereitet seit mehr als 110 Jahren der Pferdemarkt in Beerfelden. Bei der größten Tierschau Hessens gibt es alljährlich im Juli neben Pferden und Ponys auch Rinder, Ziegen, Schafe und Esel zu begutachten. Darüber hinaus können sich die Besucher auch auf Reit- und Springturniere, Fahrgeschäfte und Unterhaltung im Kleinkunstzelt freuen.

64743 Beerfelden
Metzkeil 1
Fon 06068.930323
stadtverwaltung@
beerfelden.de
www.beerfelder-
pferdemarkt.de

Zoo Heidelberg

Nicht weniger als eine Erholungsstätte für die in der Zivilisation zusammengeballten Menschen wollte Professor Dr. Carl Bosch als Gründervater des Heidelberger Tiergartens 1933 schaffen. Bis heute ist der Zoo eine willkommene Abwechslung zum hektischen Alltag. Beim Beobachten der Affen, Elefanten, Raubtiere, Robben und bunten Vögel können Besucher in andere Welten abtauchen, ganz nach dem Motto des Zoos: „Leben live erleben".

69120 Heidelberg
Tiergartenstraße 3
Fon 06221.64550
zooinfo@heidelberg.de
www.zoo-heidelberg.de

Öffnungszeiten:
Täglich geöffnet;
Sommer: 9 - 19 Uhr,
März/Okt: 9 - 18 Uhr,
Winter: 9 - 17 Uhr;
Tierhäuser schließen
20 Minuten vor Ende der
Besuchszeit.

Landgasthof & Hotel „Alter Kohlhof" Heidelberg

Bis in die Heidelberger Innenstadt sind es nur rund sieben Kilometer – trotzdem bietet der Alte Kohlhof mitten in der Natur eine willkommene Abwechslung vom hektischen Alltag. Von dem denkmalgeschützten Landgasthof und Hotel aus lassen sich bequem Aktivitäten wie Wanderungen, Mountainbike-Fahrten durch den Naturpark Neckartal-Odenwald oder Ausritte am Königstuhl planen.

69117 Heidelberg
Kohlhof 5
Fon 06221.138310
alterkohlhof@t-online.de
www.alterkohlhof.de

Öffnungszeiten:
April - 5. Okt 2014 täglich
von 11 - 22.30 Uhr.

Altstadt Heppenheim

Formel-1-Rennfahrer Sebastian Vettel hat seinen Heimatort weltweit bekannt gemacht. Doch das hessische „Hepprum" hat noch mehr zu bieten als einen mehrfachen Weltmeister: eine malerische Altstadt mit vielen sehenswerten und teils denkmalgeschützten Gebäuden zum Beispiel. So wie das Rathaus und die Fachwerkhäuser rund um den Marktplatz, die St. Peter-Kirche oder die mittelalterliche Starkenburg.

Tourismus-Information
der Kreisstadt Heppenheim
64646 Heppenheim
Großer Markt 9
Fon 06252.131171
tourismus@stadt.heppenheim.de
www.heppenheim.de

Öffnungszeiten:
Mo - Fr 10 - 12 Uhr, 13 - 17 Uhr; Sa 10 - 14 Uhr;
Nov - Feb Sa geschlossen.

Altstadtfest Ladenburg

Den Grundstein der Stadt legten die Kelten bereits vor rund 3000 Jahren. Ganz so lange gibt es das Altstadtfest noch nicht, dennoch hat die 1974 ins Leben gerufene Veranstaltung im September längst Tradition. Im mittelalterlichen Ambiente des Zentrums und in weiteren Teilen der Stadt gibt es Flohmärkte zu entdecken, Unterhaltung für die lieben Kleinen und Musik für fast jeden Geschmack.

68526 Ladenburg
Dr.-Carl-Benz-Platz 1
Fon 06203.922603
stadtinformation@ladenburg.de
www.ladenburg.de

Öffnungszeiten
Stadtinformation:
Di - Fr 10 - 14 Uhr, Sa, So und Feiertage 11 - 13 Uhr, Mo geschlossen
(außer an Feiertagen).

Heuherberge Haßmersheim

Die Burg Guttenberg über Neckarmühlbach vermittelt schon einen guten Eindruck vom Leben im Mittelalter. Noch einen Schritt weiter geht die Heuherberge am Fuße des alten Gemäuers. Dort können die Gäste auf Heu gebettet übernachten – wie einst die Knechte und Mägde im Mittelalter.

74855 Haßmersheim-Neckarmühlbach
Heinsheimer Straße 4
Fon 06266.388
info@burg-guttenberg.de
www.burg-guttenberg.de

Englischer Garten Eulbach
Erbach

Nicht nur die bayerische Landeshauptstadt hat einen – auch in Erbach im Odenwald gibt es einen Englischen Garten mit römischen Denkmälern, Kinderspielplatz und Wildgehege. Das rund 400 Hektar große Gelände beim Jagdschloss Eulbach wurde zwischen 1802 und 1807 nach Plänen des Architekten Friedrich Ludwig von Sckell gestaltet. Der kurpfälzische Hofgartenbaudirektor entwarf in dieser Zeit einige Parks – unter anderem auch den Englischen Garten in München.

Gräfliche Rentkammer
Erbach
64711 Erbach im Odenwald
Marktplatz 11
Fon 06061.706042
www.erbach.de/tourismus/
englischer-garten-eulbach.
html

Öffnungszeiten:
Ganzjährig, 9 - 18 Uhr.

Bergtierpark
Fürth-Erlenbach

Vom Alpaka bis Zwergziege – im Tierpark bei Fürth inmitten des Odenwaldes sind Gebirgstiere aus fünf Erdteilen versammelt.
Die Freianlage lässt sich über einen Rundweg erkunden. Kinder haben die Gelegenheit, die Tiere des Parks zu füttern. Besonders beliebt sind zahlreiche Jungtiere, die ebenfalls bestaunt werden können.

64658 Fürth-Erlenbach
Werner-Krauß-Straße
Fon 06253.21326
Tierpark-Erlenbach@
Gemeinde-Fuerth.de
www.bergtierpark-
erlenbach.de

Öffnungszeiten:
Ganzjährig geöffnet;
April - Okt
täglich 10 - 18 Uhr,
Nov - März
Mo - Fr 13 - 17 Uhr,
Sa, So und Feiertage
11 - 17 Uhr.

Käfertaler Wald

Ein Stern, der seinen Namen trägt: Weil Kurfürst Karl Theodor die Schneisen für seine Parforcejagden in den Wald schlagen ließ, wurde die Mitte des strahlenförmig verlaufenden Wegenetzes nach ihm benannt. Der Karlstern ist idealer Ausgangspunkt für Spaziergänge, für Aktivitäten auf dem Trimm-Dich-Pfad oder Spiel-Stunden auf dem Abenteuerspielplatz und der Minigolf-Anlage. Besonderer Anziehungspunkt ist der Wildvogelpark (mit Schnee-Eulen), vor allem aber das dreigeteilte Wildgehege. Hier kann man Bisons, Hirsche, Rehe, Mufflons und Wildschweine (in ihrem Schlammgehege beim Suhlen) beobachten.

Anfahrt über Mannheim-Gartenstadt/Käfertal-Nord, Parkplätze: Karlsternstraße, Lampertheimer Straße; auch in der Nähe: Biergarten, Kiosk, Liegewiese, Grillplatz, Kneippanlage.

Lieblingsplatz:
Ladenburg

Wer durch diese Stadt läuft und seine Sinnesorgane
auf sensi-liebel stellt, der spürt, wie er haucht,
der Odem der Kurpälzer Ge-chichte, von de Räämer
mit Säulen und Gemäuer bis zum Carl seim Benz
im Museum und dem Tourismus-Service des 21. Jahrhunderts uff de Hinweissschilder. Ob knuffige Fach-
werkhäuselscher oder antike Steinansammlungen,
Ladenburg is so romantisch und goldisch. Wenn's
des Städtel net gäb, müsst ma's erfinne. Aussichten:
so vielfältig wie die Kombination aus Flusslandschaft,
Bergstraßenpanorama, Mittelalter, Römer, Autostadt.
Comedyantische Recherche-Möglichkeiten: bestens,
mit besonders schönen Rhetorik-Fundstücken von
Reiseleitern mit Studienreisenden aus Flensburg
oder – besser noch! – Lehrer-Vorträgen vor begeistert-
gähnenden Schülergruppen auf Klassenausflug.

Vorgeschichte

De Heidelbergensis un soi Gosch

Schon zu Urzeiten haben Menschen erkannt, dass es sich hier in der Region gut leben lässt. Gesiedelt wurde zwischen Rhein und Neckar schon immer, bei jedem Wetter und zu jeder (Eis)Zeit. Das, was man verwirrsinnigerweise als Vor-Geschichte bezeichnet, spielt bei uns auch heute noch eine große Rolle. Eine der ältesten paläontologischen Sammlungen überhaupt gibt es in den Reiss-Engelhorn-Museen in Mannheim, vom Faustkeil bis hin zum alten Schädel. Zu sehen ist davon nur ein Teil, viel mehr lagert noch im Kistenlabyrinth im Keller – ein Vermächtnis für spätere Generationen ... ja, der Odem der Geschichte haucht wieder ganz heftig zwischen Rhein und Neckar.

Unterkiefer, Fossilien & Urzeit-Gebabbel
Hierselbst, in einer Sandgrube der Gemeinde Mauer, wurde einer der bedeutendsten urzeitlichen Funde gemacht: 1907

entdeckte der Tagelöhner Daniel Hartmann beim Sandschippen einen Unterkiefer von einem – wie sich später herausstellen sollte – 600.000 Jahre alten und damit ältesten Kurpfälzer. Dass ausgerechnet sein Unterkiefer übrig und erhalten blieb, kann wohl kaum ein Zufall sein. Dieser Knochen war wahrscheinlich der stabilste von allen und hat deshalb die Jahrtausende überdauert. Heutzutage, bei den Nachfahren des Heidelbergensis, kann man immer noch beobachten, dass „die Gosch" das wichtigste aller Körperteile ist. Sie ist die wichtigste erogene Zone, denn das Babbeln ist dem Kurpfälzer immer noch die wichtigste aller körperlich-geistigen Verrichtungen.

Wenn man ein bisschen über das Gebiet der Kurpfalz hinausgeht, dann kann man sogar noch weiter in die Urzeiten der Erdgeschichte zurückgehen. Die Grube Messel nordöstlich von Darmstadt ist eine der wichtigsten Fossilien-Fundstätten und deswegen auch UNESCO-Weltnaturerbe geworden, nachdem sie dem Schicksal, eine Mülldeponie zu werden, knapp und teuer entronnen war. Heute gibt es spezielle Grubenführungen für alle Altersklassen. Wenn es gelingt, sie von ihrer Spielkonsole wegzulocken, ist es gerade für Kinder und Jugendliche ein besonderes Erlebnis: Wissenschaft und Urzeit und Ungeheuer live & direkt. Die Reise nach Südhessen lohnt allein schon wegen des schönen Ladens der Grube, denn nur hier gibt es das Tassen-Set mit der Zeitreisen-Crew „Uli Urpferd", „Odo Odenwald" und „Fiora Eozän".

Kurpfälzer Superlative & Weltkulturerbe

Und weitere Attraktionen hat die kurpfälzische Vor- und Ur- und Neu-Geschichte zu bieten: Ladenburg, das alte römische Lopodunum, die (Achtung Superlativ!) älteste rechtsrheinische Stadt Deutschlands, ist immer einen Ausflug wert wegen den mittelalterlichen Gassen und der Atmosphäre, den Restaurants, den Kneipen, dem Neckar oder dem Benz-Museum.

Oder das Kloster Lorsch, Weltkulturerbe, weil es das letzte Zeugnis eines Klosterbaus aus der karolingischen Zeit ist. Interessante Sache für Historiker. Nur, wer hierher mit übergroßen Welterbe-Erwartungen kommt, muss erst mal umdenken. Hier wartet jetzt halt net unbedingt eine spektakuläre Ansammlung von altem Gemäuer und beeindruckenden Ruinen, in denen man sich staunend verlaufen kann. Eigentlich ist das „Kloster Lorsch" nur en schääne klääne Park plus die bedeutende „Königshalle", also die Empfangshalle (oder das Pförtnerhäusel?) des alten Klosters. Mit einem Kräutergarten, der inzwischen angelegt wurde auch als Hinweis darauf, dass hier die (Superlativ!) älteste medizinisch-pharmazeutische Handschrift deutscher Sprache angefertigt wurde. So mancher Doktor heut det sich wahrscheinlich wünsche, dass er noch genau wüsst, was do drin steht, damit er net dauernd sein Krankekassenbudget überschreite muss und vom Gesundheitsminischder uff de Kopff kriegt.

Edle Wilde

Ja, die Ur- und Vorgeschichte spielt bei den Kurpfälzern eine große Rolle. Nicht nur durch die Zeugnisse der Vergangenheit. Sondern auch durch die Vorurteile der Gegenwart. Wenn heutzutage die Kurpfälzer in ihrer Mund(un)art babbeln, dann meinen manche Außergewärtige, es sei wohl wirklich kein Zufall, dass die Nachfahren des berühmten (Fundstücks aus Mauer) Homo Heidelbergensis auch so radesprechen, als hätten sie den Unterkiefer verloren. Und wenn man dann die Klischees hört von „Urwald-Sprache", „unverständliches Kauderwelsch", „Hinterwäldler-Sound vor provinzieller Kulisse", dann weiß man wieder, wie schlimm es doch um unser gutes Leumaul bestellt ist. Aber damit sollte man sich net abfinden. Also, wenn mal wieder so en Iwwerkandidelte sagt, unser Dialekt höre sich an „wie bei den Wilden", dann: Net beleidischt sein! Net proteschdiere un piense, dass wir keine Wilden sein wollen und dass wir auch zuvielisiert sind. Ganz falsch. Das Klischee-Schicksal einfach annehmen. Dann sin mer halt Wilde. Aber keine normalen Wilden, sondern „edle Wilde". Das ist ein Konzept, das gab's schon zu Zeiten der industriellen Revolution. Damals haben die Menschen schon den Kontakt verloren zu ihrem Mensch-Sein. Weil'se äfach zu viel gschafft ham. So wie heut. Und dann wurde der „edle Wilde" zu einem Vorbild. Definiert wie folgt:

„Der edle Wilde versinnbildlicht das Ideal des von Natur aus guten Menschen, der von den Zwängen der Zivilisation unverdorben in der freien Natur lebt und den reinen menschlichen Geist und seine positiven Eigenschaften verkörpert."

Ha! Des sin mir. Mir sin edle Wilde. Guck dir sie mal an, wenn sie sich im Frühling und im Sommer zusammenrotten. Meistens am Wochenende hocke se dann uff schmale, lange Holzbänk, Schulter an Schulter, Arsch an Arsch, ihr Trinkhörner mit Hopfenblüten-Met oder vergorenen Äppeln oder

Frieher hot's des ned gewwe.

Weintrauben fest mi'm Affegriff umklammert, sich gegenseitig ihre steinzeitlichen Urlaute um die Ohre ballernd:

„Ou, ou, ou! Gu-mo-do, de Walder!"
„Jou."
„Un? Un? Un? Fahrner in Urlaub?"
„Wann dann?"
„Wandern?!"
„Ah wann dann?"
*„Wandern? Ah, isch hab gedenkt, ihr fahrt immer
ans Meer."*

So sin mir ... „von den Zwängen der Zivilisation unverdorben". Mir sin wie Indianer, stolz un unnerdrückt, wild und
weise, so lebe mir do, eingesperrt in unserm Rhein-Neckar-
Dreieck-Reservat. Dem Alkohol verfalle. Mir ham nix zu mel-
de, awwer moralisch sin mir voll üwwerlege. Un des is schon
lang so. Spätestens seit de Homo in Mauer bei Heidelberg des
Unnerteil vun seiner Gosch verlore hot simmer schunn so.

Der Lauf der Geschichte
Ja, der Kurpälzer an'nfersisch is en gonz beson-scheidene
Menchen-chlag. Nicht, dass er sisch darauf etwas einbilden
deten täte. Er hat zwar eine ausgeprägte Selbstbewusst-losig-
keit, aber eher stellt er sein Lischd unters Äffel, als dass er
sagen det, was er denke det, wenn er saache könne det, was
er denkt. Nämlich: Dass der KurPfälzer, der Homo CuraPalati-
nensis, den entscheidenden kulturellen Beitrag zur Evolution
der Menschheitsgeschichte darstellt.
Schon arschologisch ist es bewiesen, wie weit zurück die
Ur-Pfälzer Worzzle reischen tuen: Homo Heidelbergensis, Homo
Pithecus Palatinus, Homo Honnebomblus, Homo Schunkelus
Schoppensis ... die Mensche stammen von de Kurpälzer ab.

Dabei gab es verkanntermaßen allerdingsda auch ein paar evolution-schwere Seiten-Verwicklungen: der Neandertaler, aus dessen Knochenresten dann ein paar Jahrtausende später ein paar außerirdische Wissenschaftler die Bayern geklont haben. Des Weiteren: der Homo Verrecktus, dessen Nachfahre heut im tiefen Württemberg zuhause sin. Auffälligstes Merkmal ist die Lippenwulst-Stellung, die Unterlippe als offene Kinn-Schublade nach vorne geschoben, was den Homo Verrecktus zwingt, bestimmte R-Laute kehlig-würrrgend auszubrechen: „drunterrr, drüberrr, Daimlerrrr, Oeddingerrrr ..." Doch halten wir uns nicht mit den Aberrationen der Evolution auf. Befassen wir uns lieber mit der Sprache. Es wird Sie nicht überraschen zu hören: Die Ursprache der Menschheit war (Kur)Pfälzisch. So steht es auch in der Bibel: *Im Anfang war das Wort, und das Wort war bei Gott. Und Gott war des „A" un des „ô (heermauff)".*

Dann aber erdreisteten sich die kurpfälzischen Urmenschen, das erste Hochhaus der Geschichte zu bauen. Benannt wurde es nach ihrer Lieblingstätigkeit: „Der Turmbau zu Babbel". Dieses Gebabbel wurde dann aber auch Gott wohl e bissel zu arg, woraufhin er die Sprachen und ihre Sprecher verwirrte und in der ganzen Welt verstreute. So haben die kurpfälzischen Urmenschen überall glo- und ver-bal ihre Spuren hinterlassen. So viele Dinge der menschlichen Zuvielisation sind eigentlich original kurpfälzisch:

Ohne de Buddha ken Buddhismus.

Ohne „Wie-du?" ken Hindu.

Ohne „Alla" gäb's fer mansche Leut ken Gott.

Un ohne die Mannemer Innestadt gäb's ke E ist gleich m mal c im Quadrat ($E = mc^2$).

So laaft die Gschicht bei uns – un net annerschder.

Ladenburg

betrachten

genießen

entdecken

Zeitreise durch die Jahrhunderte

Keltische Funde, römische Ausgrabungen, mittelalterliche Stadtbefestigungen, Hexenturm, Fürstenbau, Bischofshof, enge Gassen, Kopfsteinpflaster, Fachwerk, Automuseum und ein kleiner malerischer Marktplatz im Zentrum, der neben vielen weiteren idyllischen Ecken zum Verweilen einlädt: Ladenburg ist eine der wenigen überschaubaren Städte, die einen zwei- bis vierstündigen Spaziergang mit einer solch spannenden Zeitreise durch mehrere Jahrhunderte bieten. Als idealer Ausgangspunkt in diese über 2000-jährige Geschichte bietet sich der Parkplatz am Wasserturm an. Hier, nur wenige Meter vom Neckarufer entfernt, liegt der Carl-Benz-Park mit dem Wohnhaus des Automobil-Erfinders, der ältesten Steingarage sowie dem Nachbau des Benz-Patent-Motorwagens, dem ersten Automobil der Welt von 1866. Wie sich Lopodunum (so nannten es die Römer) entwickelte, insbesondere infolge der Stadterhebung durch Kaiser Trajan 98 nach Christus zum Hauptort der Civitas Ulpia Sueborum Nicrensium, ist im und um den nahe gelegenen Bischofshof erfahrbar. Das ehemalige Schloss der Wormser Bischöfe beherbergt das Lobdengau-Museum. Die (rekonstruierte) Jupitergigantensäule und freigelegte alte Mauerreste davor zeigen die Vergangenheit zum Greifen nah. Und Augen auf beim Stadtrundgang: Die Fundamente des Forums und der Basilika, mit 130 Metern Länge und 84 Metern Breite der größte bisher bekannt gewordene römische Baukomplex in Süddeutschland, wurden an vielen Stellen im Straßenpflaster gekennzeichnet.

Christian Roskowetz

Stadtinformation Ladenburg
68526 Ladenburg
Dr.-Carl-Benz-Platz 1
Fon 06203.922603
www.ladenburg.de

Extras:

Infos zu Stadtführungen (nur Gruppen) bei der Stadtinformation. Interessant: antike Spielzeugausstellung mit rund 3.000 musealen Objekten im Café des Auktionshauses Seidel (Lustgartenstraße 6).

195

betrachten

erfahren

Kurpfälzisches Museum in Heidelberg

Ein Unterkiefer und monumentale Stoßzähne

Fast unscheinbar kommt das Ausstellungsteil daher. Beleuchtet zwar und in zentraler Position, doch natürlich längst nicht so monumental und auffallend wie die gewaltigen Mammut-Stoßzähne gegenüber. Die Rede ist von einem fossilen menschlichen Unterkiefer. Einem kleinen Überrest des Homo erectus Heidelbergensis. Es handelt sich laut Museum um das älteste europäische menschliche Skelettteil. Alleine deshalb ist es einer der Höhepunkte in der Archäologischen Abteilung des Kurpfälzischen Museums. Gefunden wurde es 1907 in der Sandgrube Grafenrain am Nordrand von Mauer, einem Ort rund zehn Kilometer südöstlich von Heidelberg. Auf etwa 1.500 Quadratmetern Fläche kann der Besucher praktisch direkt von der dicht bevölkerten Hauptstraßen-Fußgängerzone über 600.000 Jahre tief in die Vorgeschichte eintauchen. Neben dem Unterkiefer wird das Aussehen, das Lebensumfeld, die Werkzeuge sowie die Fundgeschichte des Homo Heidelbergensis beschrieben. Die Zeitreise durch sieben Räume führt von der Altsteinzeit über die Kelten und Römer bis ins Mittelalter. Wer noch mehr wissen möchte, kann sich in anderen Museumsbereichen neben der Heidelberger Stadtgeschichte Gemälde, Skulpturen, die Graphische Sammlung sowie Kunsthandwerk anschauen.

Michael Dostal

Kurpfälzisches Museum
69117 Heidelberg
Hauptstraße 97
Fon 06221.5834020
www.museum-heidelberg.de

Öffnungszeiten:
Di - So 10 - 18 Uhr,
Mo geschlossen.

UNESCO-Weltnaturerbe Grube Messel

erfahren

entdecken

Das Urzeitäffchen „Ida"

„Ida" ist der große Star der Grube Messel. Als „achtes Welt-
wunder" wurde sie gefeiert, sie kam auf die Titelseiten
großer Zeitungen, Fernsehstationen rund um den Globus
zeigten Dokus. Sie gilt als der „Missing Link", als fehlendes
Bindeglied im Stammbaum von Mensch und Affe. Ganz
korrekt ist das nicht, doch ein Sensationsfund war das
Urzeitäffchen allemal. Das 58 Zentimeter lange Fossil mit
wissenschaftlichem Namen Darwinius masillae bezeugt
die Abspaltung der Feuchtnasenaffen (wie die Lemuren auf
Madagaskar) von den Trockennasenaffen, zu denen quasi
auch wir gehören. Wissenschaftler behaupten, „Ida" sei der
älteste bekannte Vorfahre des Menschen. Nahe des heutigen Darmstadt fiel sie vor 47 Millionen Jahren in einen
tropischen Maar-See und wurde im Schlick bestens konser-
viert. 1983, als das Areal eine Mülldeponie werden sollte,
buddelte ein Fossiliensucher „Ida" wieder aus. Zwölf Jahre
später wurde die Grube Messel UNESCO-Weltnaturerbe.
Das 2010 eröffnete Besucherzentrum entführt in die Welt
der einst hier lebenden Urtiere, erklärt die geologische
Entstehung der Fossilienfundstätte und berichtet von der
früheren Ölgewinnung aus dem Schiefer. Bei Geländefüh-
rungen lassen sich Paläontologen bei ihrer Arbeit zusehen.
Jährlich machen sie etwa 3.000 Funde, vom versteinerten
Kot bis hin zu Urzeitpferdchen und Krokodilen. Und „Ida"?
Die liegt im Museum der Universität Oslo, deren Forscher
sie für viel Geld gekauft und 2009 der staunenden Weltöf-
fentlichkeit präsentiert haben.

Tobias Grauheding

Welterbe Grube Messel
64409 Messel
Roßdörfer Straße 108
Fon 06159.717590
service@welterbe-grube-messel.de
www.grube-messel.de
Öffnungszeiten:
Täglich 10 - 17 Uhr,
letzter Einlass 16 Uhr.

Extras

Mo, Mi, Fr um 10.30 Uhr und
Di, Do um 13.30 Uhr finden
Führungen durch das Besucherzentrum statt. Spannend ist die
simulierte, rasante Fahrt durch
ein Bohrloch der Geologen bis
in 433 Meter Tiefe. Die Grube
selbst ist nur bei den täglichen
Führungen (mit Voranmeldung)
zu besichtigen.

betrachten   genießen   erfahren

Nibelungen- und Siegfriedstraße

Ein Stück vom Sagenkuchen

Obwohl nur wenige Schritte von der Straße und dem Parkplatz bis zum Lindelbrunnen zu gehen sind, ist die Atmosphäre doch ganz anders. Man kann sich schon vorstellen, dass hier, wie eine moderne Statuengruppe vergegenwärtigt, der grimmig-düstere, aber loyale Hagen den jugendlich strahlenden Blender Siegfried, nachdem er mit List seine einzige unverwundbare Stelle erfahren hatte, erstach. Wirklich? Legt der schon anno 773 in einer Grenzbeschreibung der Mark Heppenheim bezeugte Name Lindelbrunnen nicht vielmehr nahe, dass hier jener grauenhafte Lindwurm aus dem Bäumen tappte, den Siegfried tötete und dessen Blut seine Haut unverwundbar härtete, bis auf jene Stelle an der Schulter, auf die ein Lindenblatt gefallen war? Wie alles, was die Nibelungensage betrifft, verschwindet jede Spur im Dunkel der Geschichte, und so darf sich jeder ein Stück vom Sagenkuchen abschneiden. Er hat jedenfalls für zwei touristische Routen gereicht, die sich weithin parallel zwischen Worms am Rhein und Wertheim am Main hinziehen. Die Nibelungenstraße verläuft über Lorsch, Bensheim, Lautertal, Lindenfels, Reichelsheim, Michelstadt, Miltenberg, Bürgstadt und Freudenberg; die Siegfriedstraße schlägt sich von Lorsch aus nach Süden und berührt Heppenheim, Fürth, Mossautal (hier findet sich linker Hand zwischen den Ortsteilen Hüttenthal und Hiltersklingen der Lindelbrunnen), Hesseneck, Amorbach, den Wallfahrtort Walldürn (mit seiner frühbarocken, eigenartig düster wirkenden Emporenbasilika) und Tauberbischofsheim.

Roland Happersberger

Arbeitsgemeinschaft
Nibelungen-Siegfried-Straße
mit Sitz im Kur-
und Touristikservice
64678 Lindenfels
Burgstraße 37
Fon 06255.306-44
touristik@lindenfels.de
www.nibelungen-siegfried-
strasse.de

Extras:
Über die Homepage – sie informiert auch über den sagengeschichtlichen Hintergrund – ist eine informative Broschüre über beide Tourismusstraßen herunterzuladen.

Odenwaldlimes

erfahren

entdecken

Wie das Imperium Romanum gesichert wurde

Scharf bläst der kalte Wind an diesem Winterabend durch den Oberstock des rekonstruierten Limeswachturms bei Michelstadt-Vielbrunn. Sofort begreifen wir, dass es für die Legionäre des 2. Jahrhunderts kein Vergnügen war, hier die Grenze des römischen Weltreichs zu sichern und nach verdächtigen Germanentrupps zu spähen. Als das Imperium Romanum unter Kaiser Trajan um 115 seine größte Ausdehnung hatte, wurde vom Main bis zum Neckar der 70 Kilometer lange Odenwaldlimes gebaut: alle paar Hundert Meter ein zehn Meter hoher Wachturm, in dessen Mittelgeschoss einige Mann wohnen konnten, ein Grenzweg und eine Palisade. Im Hinterland gab es größere Militärkastelle. Unweit, bei Würzberg, kann man die zusammengestürzte rechteckige Umwallung eines solchen Kastells mit ihren typischen abgerundeten Ecken noch nahezu vollständig feststellen. Nebendran liegen die sorgsam präparierten Fundamente eines römischen Bades. Sie zeigen, dass die Legionäre auch im rauen Germanien nicht auf zivilisatorische Standards verzichten mussten. Höhepunkt einer Limestour ist der Besuch des Englischen Gartens Eulbach, den der Erbacher Graf Franz I., der erste systematische Limesausgräber, ab 1802 anlegen ließ. Das charmant-altmodische Areal ist der älteste archäologische Park Deutschlands: Graf Franz ließ hier mit römischen Quadern zwei unweit ergrabene Kastelltore und die Basis eines Wachturms wiederaufbauen. Außerdem bildete er einen Obelisken nach, der ihn bei seinem Aufenthalt in Rom ungemein beeindruckt hatte.

Roland Happersberger

Der Odenwaldlimes zieht sich 70 Kilometer von Obernburg am Main nach Bad Wimpfen am Neckar.
Grundsätzliche Information: www.hessen-archaeologie.de/ Odenwaldlimes.
Der Limeswachtturm bei Vielbrunn ist bei gutem Wetter über Tag offen.

Extras:

Eine verständliche und profunde historische Einführung und 12 Limeswanderrouten bietet des Buch des hessischen Landesarchäologen Egon Schallmayer: Der Odenwaldlimes. Entlang der römischen Grenze zwischen Main und Neckar.
Theiss, Stuttgart 2010, 160 S., ISBN 3-8062-2309-5.

Landessternwarte Heidelberg

Mehr als 800 kleine Planeten wurden bereits vom Königstuhl aus entdeckt. Großherzog Friedrich I. von Baden weihte dort 1898 eine Sternwarte ein. Mittlerweile wird die Landessternwarte von der Universität Heidelberg betrieben als Teil des Zentrums für Astronomie. Die Forscher beschäftigen sich unter anderem mit aktiven Galaxien und heißen Sternen. Einblicke in die Welt der Himmelskörper und der Teleskope bieten regelmäßige Gruppenführungen, ein Spaziergang auf dem Planetenweg oder die Erkundung des funkelnden Sternenhimmels mit einem Fernrohr.

69117 Heidelberg
Königstuhl 12
Fon 06221.541700
www.lsw.uni-heidelberg.de

Kloster Lorsch

Die Stadt Lorsch im südhessischen Kreis Bergstraße ist weltbekannt für das zum Weltkulturerbe ernannte Kloster. Vor 1250 Jahren wurde die Abtei gegründet. Zu diesem Anlass wurde das Gelände umgestaltet, um sich im Jubiläumsjahr 2014 noch attraktiver zu präsentieren.
Das Museumszentrum neben der berühmten Torhalle gewährt Einblicke in die wechselvolle Geschichte des Klosters.

64653 Lorsch
Nibelungenstraße 35
Fon 06251.103820
muz@kloster-lorsch.de
www.kloster-lorsch.de

Öffnungszeiten:
Di - So und Feiertage
10 - 17 Uhr; Mo, 1. Jan,
Fastnachtsdienstag
und 24. Dez geschlossen.

Bergwerk Schriesheim

Bergbau wird in Schriesheim schon seit 1817 nicht mehr betrieben – trotzdem ist die Grube „Anna-Elisabeth" ein Besuchermagnet. Denn dort wird die mehr als 500 Jahre alte Tradition des Ortes bei Führungen erlebbar. Am ersten Wochenende im Juli findet traditionell das Bergwerksfest statt.
Gruselig geht es alljährlich am 31. Oktober zu, wenn zu Halloween aus dem schaurigschön beleuchteten Stollen des Bergwerkes eine große Geisterbahn wird.

69198 Schriesheim
Talstraße 157
Fon 06203.68167
fuehrungen@bergwerk-schriesheim.de
www.bergwerk-schriesheim.de

Öffnungszeiten:
April - Okt an So und Feiertagen (außer Karfreitag) von 11 bis 16.30 Uhr (letzter Einlass) geöffnet; Sonderführungen für Gruppen sind bis 15. Nov nach Anmeldung möglich.

Lindenfels

In Lindenfels kommen Mittelalterbegeisterte und Fantasy-Fans voll auf ihre Kosten. Das Deutsche Drachenmuseum widmet sich dem Mythos der Fabelwesen und mitten in der Stadt wartet die Burgruine auf Besucher.

Die alljährlichen Brauchtumstage am ersten Oktober-Wochenende im Lindenfelser Museum erlauben Einblicke in längst vergangene Tage und Techniken, wie beispielsweise die Apfelkelterei.

64678 Lindenfels
Burgstraße 39
Fon 06255.30644
touristik@lindenfels.de
www.lindenfels.info

Öffnungszeiten:
April - Okt an jedem So und Feiertag 14.30 - 17 Uhr.

Deutsches Drachenmuseum
In der Stadt 2
Fon 06255.4071
info@deutsches-drachenmuseum.de
www.deutsches-drachenmuseum.de

Öffnungszeiten:
Sa, So und Feiertage
14 - 18 Uhr.

Katzenbuckel und „Weg der Kristalle"

Ein wenig erinnert die höchste Erhebung des Odenwaldes an den Rücken eines Stubentigers. Der rund 626 Meter hohe Katzenbuckel in der Nähe von Waldbrunn ist ein erloschener Vulkan. Die Entstehungsgeschichte des 60 Millionen Jahre alten Vulkangesteins lässt sich auf dem „Weg der Kristalle" zu Fuß erkunden. Der rund 1,5 Kilometer lange mineralogische Lehrpfad startet am Steinbruch-See und geht hinauf bis zum Aussichtsturm auf dem Gipfel.

69429 Waldbrunn
Alte Marktstraße 4
Fon 06274.930212
tourismus@waldbrunn-odenwald.de
www.waldbrunn-odenwald.de

Bewegung

Na donn, alla hopp ...

Die Eingeborenen dieser begnadeten Region sind wahre Bewegungskünstler. Künstler der Bewegung auch und sogar im übertragenen Sinne. Net fer ummesunschd hat hier die erste Demokratie-Bewegung, die badisch-pfälzische Revolution Anfang des 19. Jahrhunderts ihren Lauf und Wanderweg aufs Hambacher Schloss genommen. Do defür hot ma Stolz empfinde, sich aber sonst nix kaufe könne. Zumal die meisten Bewegten dann im Knast oder im Exil gelandet sind, wodurch die Beweglichkeit der Bewegung ziemlich drastisch eingeschränkt war.

Mit solchen Erfahrungen der Geschichte im gebeugten Rücken musste man sich irgendwie anders Bewegungs-Freiheit verschaffen. Also ist der Drang zur Mobilität seit jeher ein in dem Kurpfälzer Kollektivgedächtnis fest verankertes Charakteristikum. Schon allein das mundartliche „hopp", was

in der Alltagssprache gar nicht oft genug verwendet werden kann, drückt diesen ständigen Hang und Drang zur Bewegung ja lautmalerisch aus: „alla hopp", „hopp jetzat", „un hopp", „hopp, jetz awwer!", „hopp un dewedder!", „hopp, hopp, hopp in de ... äh ... Kopp". Fast möchte man meinen, dass der berühmteste Sponsor der Region, unser aller Wohltäter SAP-Dietmar, in Wirklichkeit vielleicht Müller oder Schulze hieß. Und dass er sich als Nachnamen dann aber einen Künstlernamen zulegte, der nur aus diesem kurpfälzischen Zauberwort besteht, das wie kein anderes Dynamik und Vorwärtsdrang verkörpert: Hopp!

Die Kurpfalz – das Land der Erfinder

Schaut man in die Geschichte zurück, dann wird schnell klar, dass die meisten Erfinder, die hier bei uns zugange waren, sich hauptsächlich damit beschäftigten, wie man sich mit irgendeinem Gefährt von einem Ort zum nächsten bewegen kann.

Bulldog, Draisine, Fahrrad – hier zum ersten Mal ausprobiert. Und das erste Automobil wurde hier zusammengeschraubt. Von einem gewissen Carl Benz, der allerdings ursprünglich aus Karlsruhe stammte. Dort aber war, wie man heute gestelzt sagen würde, das kreative Umfeld nicht so furchtbar fruchtbar. Mit anderen Worten: Dort hot er's net gederfft. Do warn sich die Karlsruher wohl zu fein. Viel vor, awwer nix dahinner, oder so ähnlich, gell?! Also kam der gute Benze-Gelfießler nooch Mannem, wo die Mensche von Natur aus immer e bissel lockerer und dynamischer sind. Kurz geguckt: „Was macht der do?" Und dann war das Fazit klar: „Des is laut, des stinkt – das passt zu uns! Der derff weidermache!" Gekauft hat die Benzinkutsch dann aber doch ken Mensch. Was vielleicht auch an der zögerlichen Haltung des Meisters lag, seine technische Errungenschaft mal anschaulich unters Volk rollen zu lassen. Wenigstens mal ums Quadrat tuckern und winken. Awwer nix war's. Und dann hat sich seine Frau Bertha mitsamt ihren beiden Söhnen eines Morgens einfach drauf gehockt und is los gefahre.

So gesehen ist bei uns in der Kurpfalz nicht nur das Auto erfunden worden, sondern auch die „Frau am Steuer". Was für eine Errungenschaft, oder?! Klar, dass deshalb gerade bei uns, im Lande der Nachfahrinnen von Bertha Benz, die Männer des Lobes voll sind über die Fahrkünste der weiblichen Wagenlenkerinnen:

„Isch hab nix degege, wenn mei Fraa fahrt. Nee, nee, isch find des gut, wenn die fahrt. Die soll fahre. Uff jeden Fall! Immer wenn isch was getrunke hab, fahrt mei Fraa. Un die fahrt gut. Isch merk do nix devu. Isch hock newedran un schnarch. Un wenn isch widder uffwach, simmer schunn dehääm. Mei Fraa is e super Fahrerin, uff jeden Fall!"

Die Geschichte der ersten längeren Autofahrt der Welt ist ein echtes Roadmovie aus dem Jahre 1888. Auf der schönen Webseite des Bertha Benz Memorial Clubs aus Dossenheim, www.bertha-benz.de, sind alle Informationen zur ersten „Frau am Steuer" der Weltgeschichte in immerhin zwölf Sprachen sehr gut nachzulesen. Die gute Bertha hat nicht nur den Weg von Mannheim nach Pforzheim gefunden ohne Navi, so nebenher hat sie auch noch mehrere Pannen gemeistert, Not-Reparaturen mit Haarnadel und Strumpfband vorgenommen und in Wiesloch in einer Apotheke getankt. Was määnsch, wie pharma-funzelisch der Apotheker aus de Wäsch geguckt hawwe muss, wo die vorgfahre is. Und dann hat er flascheweis Putzmittel (Ligroin) in den Tank fülle müsse. So war des domols. Un heut? Wird bei der Tankstell zwar bleifreier Treibstoff eingefüllt, aber von de Preise her gsehe, tanke mir all aa heut noch bei de Apothek!

Bertha & Carl, net Gottlieb!
Jaja, während der Gottlieb Daimler im Schwabenland noch am „tüftle" war und am schraube, da ist die Bertha Benz schon durch die kurpfälzisch-badischen Lande gerollt. Dass sie ganz am Anfang gleich dermaßen im Hintertreffen waren, haben die Schwaben nie verwunden. Und über ein Jahrhundert danach kam die eiskalte Vergeltungsmaßnahme, als der arme „Benz" einfach aus dem Firmennamen gestrichen wurde. Was bleibt ist die Daimler AG. Das ist die späte eifersüchtige Rache der schwäbischen Auto-Tüftler, die halt einfach net schnell genug waren, um „Erschder" gewesen zu sein. Heut is der gute alte Benz in den Hintergrund gedrängt. Neddemal mehr die Fabrik in Mannheim-Waldhof (wo ma volksmundmäßig immer noch „beim Benz" schafft) heißt mehr so wie ihr Gründer, inzwischen werden hier Busse gebaut. So isses halt wie immer im Leben: Wer's Geld hot, hot Recht.

Hopp un Stopp.

Wenigstens bleibt uns hier das schöne Denkmal am Mannheimer Wasserturm – der erste Motorenwagen aus Metall als perfektes Fotomotiv.

Komischerweise ist der Ruhm, Erfinder des ersten Automobils gewesen zu sein, nie so richtig an den Kurpfälzern hängen geblieben. Es gab sogar einen US-Präsidenten, seines Zeichens Friedensnobelpreisträger mit regelmäßigem Drohnenmissbrauch, aber im Gegensatz zu vielen seiner Vorgänger doch mit einem gewissen Intelligenzquotienten ausgestattet, der behauptet hat, dass Henry Ford der Erfinder des Autos war. Dann ham die Schwaben gesagt: „Noi, de Gottlieb war's, der Daimler." Und dann ham die aus KA gesagt: „Nix, de Benz war's, und der war en Karlsruher." Alles geloge, aber doch warn die Kurpfälzer mal wieder, wie so oft, die Honnebombels der Weltgeschichte.

Comedyantisches S-Bahn-Gebabbel

So wird uns der Ruhm geklaut, üwwerall! Aber des is net schlimm, weil's uns noch härter macht und noch mobiler und noch bewegungsfreudiger. So mobil sind wir unterwegs, dass es Jahrzehnte gedauert hat, bis die Rhein-Neckar-Region ein gemeinsames öffentliches Nahverkehrsnetz bekam. Ein schöner Gag war das immer, wenn de Chako bei den Außergewärtigen tönte: „Mir haben das zweitgrößte Barockschloss Europas, den zweitgrößten Binnenhafen un awwer die größte S-Bahn-... Ausschreibung Europas."

Inzwischen aber ist die S-Bahn schon über zehn Jahre alt und eine volle Erfolgsgeschichte. Und e Superlativ is immer noch drin: Die Linie S1 der S-Bahn RheinNeckar ist mit 202 Kilometern Länge die längste S-Bahn-Linie Deutschlands. Do hocksch dich mol noi un fahrsch in einem Tag um die Welt unserer Region, von den tiefen Wildeneien des Saarlands über Pfalz und Wein und Gemüse und Ludwigshafen und

Mannem nooch Heidelberg. Un dann das Neckartal entlang, am Odewald vorbei nooch Eberbach un Mosbach – bis nach Osterburken kann'sch da gurken. Der perfekte Trip für den Comedyanten beim Retschetschieren fürs neue Programm. Einfach die Radarschirm-Knorpelmuscheln ausfahren und mitschreiben. So macht de Chako seine Edward-Snowden-Gedächtnis-Abhöraktione. In de S-Bahn. Was määnsch, was do gebote is, wenn Eingcborene auf engstem Raum von einem Fleck zum nächsten unnerwegs sin. Die babbeln jo immer. Manche babbeln ohne Punkt und Komma, ohne Luft zu hole. Die wollen ke Luft hole, weil'se denke, dass'e dann de Anschluss verliere. Ich glaub sogar, dass mir Kurpfälzer uns im Sprechakt des Babbelns verwandeln – von Säugetiere mit Lungenatmung in Fisch mit Kiemenatmung. Sogenannte Babbelfisch. Die brauchen ke Luft. Ab un zu mol bissel Flüssigkeit noischütte, des langt, um den Babbelapparat als Perpetuum mobile am Laufen zu halten. Un dann musch disch nur in die Nähe hocken und mitschreiben.

Leider hat sich das natürlich auch schon bissel rumgesprochen. Manchmal erkennen die Leute den Spion, der von draußen kam und dann heißt's: „Owwacht! Des's de Chako, die Comedy-Stasi, die Sau schreibt mit, bass uff!" Und schon is die S-Bahn leer. Was e Glück, dass ich net so oft mitfahr, sonst wärn die Fahrgastzahlen wohl net so gut wie se sin.

Automuseum Dr. Carl Benz in Ladenburg

betrachten entdecken

Mit Patent auf große Fahrt

Blech. Überall poliertes, glänzendes Blech. Weinrot wie der Mercedes Benz, Typ 170, Baujahr 1932, der direkt am Eingang des Automuseums empfängt. Strahlend weiß wie der offene Benz 8/20 PS Sport-Zweisitzer, Baujahr 1918, oder elegant schwarz wie der viertürige MB 230 W 134, Baujahr 1936, nur wenige Meter entfernt. Dabei war der Start des Automobilzeitalters wenig blechern. Bestand das erste praxistaugliche Fahrzeug mit einem Verbrennungsmotor doch nur aus drei fingerdünnen Drahtspeichenrädern, einem kaum dickeren Stahlrohrrahmen, einer schmalen Holzbank mit dünner Lederauflage sowie einem geschwungenen hölzernen Fußteil. Die hier ausgestellte kaiserliche Patent-Urkunde mit der Patentschrift-Nr. 37435 für den Benz-Patent-Motorwagen Nr. 1 zeigt mit dem Datum „29. Januar 1886" sozusagen die Geburtsstunde des Automobils. 1906 ließ Gründer Dr. Carl Benz diese ehrwürdigen, mittlerweile aufwändig restaurierten Fabrikgebäude errichten. Fast 100 Jahre später füllte Oldtimer-Sammler Winfried Seidel, der mit der „Veterama" auch Europas größten Ersatzteilmarkt für Old- und Youngtimer gründete, mit Akribie und Leidenschaft diese geschichtsträchtigen Backsteinhallen mit mehr als 80 Fahrzeugen. Unter anderem mit einem Original-Exemplar des Benz Motorwagens Nr. 3, mit dem Ehefrau Bertha Benz 1888 zur allerersten „Fernfahrt" von Mannheim nach Pforzheim aufbrach, oder dem legendären Ford T (Baujahr 1925), der als erstes Fließband-Serienmodell „Tin Lizzie" (deutsch: Blechliesel) Geschichte schrieb.

Christian Roskowetz

Automuseum Dr. Carl Benz
68526 Ladenburg
Ilvesheimer Straße 26
Fon 06203.181786
www.automuseum-ladenburg.de

Öffnungszeiten:
Mi, Sa, So 14 - 18 Uhr.

Extras

Das Benz-Museum zeigt neben dem Marken-Schwerpunkt Benz und Mercedes und Erinnerungsstücken der Familie Benz zudem die Geschichte des Zweirades, angefangen vom Tretkurbelrad um 1855.

erleben

genießen

entdecken

Fernwanderweg „Nibelungensteig"

Anspruchsvolle Anstiege für die Aussicht

Ein Sonntagsspaziergang ist der Nibelungensteig nicht. Selbst wenn man sich einzelne Etappen des 124 Kilometer langen Fernwanderwegs herauspickt. Wo grandiose Ausblicke bis zum Taunus und Donnersberg versprochen werden, muss man erst einmal hinauf. Und wieder hinunter. Gleich mehrere Hügel oder – je nach Streckenverlauf und Kondition – (gefühlte) Berge sind bei diesem Steig verbunden. Gut 4.000 Höhenmeter kommen bei allen sieben Etappen zusammen. Wer keine ganze Woche Zeit hat, sucht sich heraus, wonach ihm der Sinn steht: Steile Pfade durch dichten Wald oder gemütliche Bänke am Rand von Wiesen mit Blick auf sanft geschwungene Kuppeln wechseln ab mit großen Felsbrocken als beliebtem Touristenziel, hübschen Fachwerkhäusern und Burgtürmen. Hauptsache, man folgt dem markanten roten „N" auf weißem Grund, dem Garant, dass man den richtigen historischen Spuren folgt. Der Steig führt an drei Orten vorbei, wo der aus dem Nibelungenlied bekannte Siegfried tödlich verwundet worden sein könnte. Was sich damals genau im Odenwald zwischen Zwingenberg an der Bergstraße und Freudenberg am Main zugetragen hat, können auch die Infotafeln an den Sehenswürdigkeiten entlang des Weges nicht immer aufklären. Dafür hat man einen Grund zu verschnaufen, denn der Steig hat es in sich. Ausreichend Wasser und Proviant sind daher Pflicht. Schon weil einige Strecken recht dünn besiedelt und Einkehrmöglichkeiten rar sind. Dafür kommt man dem besonders nah, weswegen man unterwegs ist: um weit zu wandern.

Ute Günther

Fernwanderweg
Nibelungensteig
64720 Michelstadt
Odenwald Tourismus GmbH
Fon 06061.965970
tourismus@odenwald.de
www.odenwald.de

Extras:
Wer mehrere Etappen am Stück oder den Steig komplett wandern möchte, sollte rechtzeitig eine Unterkunft reservieren beziehungsweise ein Pauschalangebot buchen. Das Felsenmeer liegt in der Nähe (Seite 177).

Neckartal-Radweg

erleben genießen

Picknick am Fluss

Sommer, Sonne, 25 Grad im Schatten – das Neckartal ruft. Besser gesagt, eine Etappe des gleichnamigen Radweges. Der lockt bei schönem Wetter auf einer Strecke von insgesamt mehr als 400 Kilometern zwischen Mannheim und Villingen-Schwenningen zahlreiche eifrige Radwanderer an die Ufer des Flusses, der sich malerisch seinen Weg durch die Landschaft bahnt. Auch auf einem etwa elf Kilometer langen Teilstück, das die Quadratestadt mit Neckarhausen und Ladenburg verbindet und das auch mit kleineren Kindern gut zu bewältigen ist. Die Route ist flach, an manchen Stellen recht breit ausgebaut, liefert zahlreiche schöne Bilder und ist gespickt mit natürlichen Rastplätzen am Rande des Neckars. Wer mag, setzt mit der Fähre in Neckarhausen nach Ladenburg über, picknickt am anderen Ufer oder fährt den Weg noch wenige Kilometer weiter, um im Dossenheimer Ortsteil Schwabenheimer Hof einzukehren – im Biergarten mit Blick auf den Fluss. Etwas mehr als eine Stunde dauert das gemütliche Radeln vom Fernsehturm Mannheim bis hierher. Und während ich bei meinem Weizenradler verschnaufe, merke ich, dass noch viele andere den Tag auf ihren Rädern verbringen. Wie an einer Schnur gezogen ziehen die Biker an meinem Auge vorbei, bilden eine Reihe, in die ich mich nur ungern wieder einfädele. Zunächst. Doch schließlich freue ich mich auf die Fahrt zurück, vorbei an kleinen Buchten. In einer von ihnen werden wir später dann noch schwimmen gehen ...

Markus Giffhorn

Extras
In Ladenburg ins Freibad: Runter von der Fähre, rein ins solarbeheizte Freibad. Hier gibt es, direkt am Ufer des Neckars gelegen, unter anderem Wasserrutsche, Sprungturm, Kinderplanschbecken und Wasserspielplatz.

Öffnungszeiten:
Mo - So 10 - 20 Uhr.

erleben

betrachten

Altstadt, Planetenweg und Sternwarte in Heppenheim

Der Sonne entgegen wandern

Fein herausgeputzt haben die Heppenheimer ihre „gute Stube", den Marktplatz mit den wunderschön renovierten Fachwerkhäusern. Er liegt im Zentrum der idyllischen Altstadt, von hier aus führen die romantischen Gassen den Besucher durch das städtebauliche Kleinod. Dort steht das 1551 erbaute Rathaus mit seinem barocken Fachwerk, der Marktbrunnen und am Rande auch das alte Gebäude der ehemaligen Liebig-Apotheke, in der der große Chemiker Justus von Liebig 1817/18 zehn Monate seiner Lehrzeit verbrachte. Auch die Tourismus-Information hat ihren Sitz am Marktplatz. Es ist sehr reizvoll, durch die Gässchen zu schlendern mit ihren schiefen Häusern, Lokalen und Läden bis zur „Kleine Bach", wo der Planetenweg seinen Anfang nimmt. Er führt über die breite Lehrstraße, eine der Hauptverkehrsadern, auf der anderen Seite weiter hoch zur Sternwarte und der Ruine der Starkenburg. Im maßstabsgerechten Abstand der Planeten im All zur Sonne sind Schilder am Wegesrand angebracht, die Auskünfte über die Sonnentrabanten geben, beginnend mit dem Pluto am Haus Kleine Bach 3 und endend bei der Sonne an der Sternwarte. Der sich den Berg hochschlängelnde 2,6 Kilometer lange Weg lädt zu einem gemütlichen Spaziergang geradezu ein.

Bernhard May

Tourismus-Information
64646 Heppenheim
Großer Markt 9
Fon 06252.1311-71/72
tourismus@stadt.heppen-
heim.de
www.heppenheim.de

Starkenburg-Sternwarte e.V.
Fon 06252.798844
Führungen nach
Terminvereinbarung.

Sommerrodelbahn und Kletterwald in Wald-Michelbach

erleben

entdecken

Bergab im Nibelungen-Flitzer

Alles ist relativ. Während 40 km/h auf der Autobahn wie geschlichen wirken, empfinden Kinder dieselbe Geschwindigkeit auf dem Nibelungen-Flitzer in Wald-Michelbach schon als spektakulär. Und das auch im Winter, denn durch ein flexibles Dach ist der Sommerrodelflitzer ruckzuck in einen Odenwaldbob umgewandelt und führt über eine spannende Abfahrt durch zwei turbulente Kreisel rund 1.000 Meter bergab. Allein fahren dürfen Kinder ab acht Jahren, jüngere Knirpse ab drei Jahren düsen in Begleitung. Kleinere vertreiben sich derweil mit Mama die Zeit im kleinen Indoor-Spielplatz direkt bei der Bahn. Im Sommer wird der Outdoor-Spaß noch durch den dazugehörigen Kletterwald mit Kletterparcours in unterschiedlichen Höhen und Schwierigkeitsgraden ergänzt. Das lockt dann auch die großen Jungs und Mädels. Im kommenden Sommer dürfen sich hier aber auch die Kleinsten messen, denn gerade wird eine mit Netzen gesicherte und erdnahe Kletterroute für Minis unter zwei Jahren gebaut. Die darf ohne Sicherheitsgurte erobert werden. Alle größeren Kletterer lernen auf einem Einweisungsparcours den Umgang mit dem Sicherungssystem. Wer ein Paket für ein ganzes Familien-Wochenende schnüren und einen Ausflug ins nahegelegene Waldschwimmbad mit Erlebnisrutsche oder eine rund elf Kilometer lange Tour in der weltweit ersten Solardraisine zwischen Wald-Michelbach und Mörlenbach mitnehmen möchte, ist im unmittelbar beim Kletterwald gelegenen Hotel mit Schwimmbad und Wellnesszone sicher rundum gut versorgt.

Sabine Demirci

Wald-Michelbach
Sommerrodelbahn und Kletterwald
69483 Wald-Michelbach
Kreidacher Höhe 2
Fon 06207.9224848
info@wiegandslide.de
www.sommerrodelbahn-wald-michelbach.de

Öffnungszeiten:
Sommerrodelbahn ganzjährig geöffnet. Ab Nov Odenwaldbob am Wochenende, 13 - 16 Uhr.

Kletterwald
8 unterschiedliche Parcours.
April - Okt 10 - 17 Uhr geöffnet,
Wochenende, Feier- und Ferientage 10 - 18 Uhr.

Kletterpark Viernheim

Von der Seiser Alm bis zum Annapurna – für Bewegungsfreudige mit dem Drang nach oben hat der Viernheimer Kletterwald einiges zu bieten. 13 verschiedene Parcours mit 140 Übungen und steigendem Schwierigkeitsgrad warten auf die Besucher. Zwischen den Baumwipfeln ist Selbstüberwindung gefragt und Adrenalin garantiert.

68519 Viernheim
Lorscherweg
Fon 06198.5190190
info@kletterwald-viernheim.de
www.kletterwald-viernheim.de

Öffnungszeiten:
www.kletterwald-viernheim.de/oeffnungszeiten/oeffnungszeiten.html#anfang

Flughafen Mannheim-Neuostheim

Seit 1926 heben in dem Mannheimer Stadtteil Passagiere ab in die Lüfte. Aktuell nutzen zahlreiche Flugschulen den Flugplatz in Neuostheim, größere Unternehmen der Region haben hier Maschinen für Geschäftsflüge stationiert. Flugbegeisterte können im Simulator ans Steuer einer Boeing 737.

68163 Mannheim
Seckenheimer Landstr. 172
Fon 0621.419390
info@flugplatz-mannheim.de
www.flugplatz-mannheim.de

Flightcheck Flugsimulator
Fon 0175.9123923
info@flightcheck-mannheim.de
www.flightcheck-mannheim.de

Öffnungszeiten:
Mo - So 10 - 23 Uhr nach Vereinbarung.

John Deere Forum Mannheim

Der gelbe springende Hirsch auf grünem Grund ziert seit mehr als 140 Jahren die landwirtschaftlichen Maschinen des US-Unternehmens. Die Firmengeschichte geht sogar bis 1837 zurück. Am Standort Mannheim werden von rund 3.000 Mitarbeitern Traktoren hergestellt. Dort gibt es im Ausstellungspavillon des Forums neben aktuellen Modellen auch Oldtimer zu bestaunen.

68163 Mannheim
John-Deere-Straße 70
Fon 0621.8291236
27Information@JohnDeere.com
www.deere.de

Öffnungszeiten:
Mo - Fr 9 - 17 Uhr,
So 11 - 17 Uhr.

Eislaufbahnen

Die Schlittschuhe an den
Füßen, den Blick auf die Bergstraße vor Augen – traditionell
im November wird in Heddesheim wieder die Eislaufsaison
unter freiem Himmel einge-
läutet. Neben dem regulären
Betrieb werden bunte Nach-
mittage für die kleinen Kufen-
flitzer oder an Samstagen Eis-
discos angeboten.

68542 Heddesheim
Ahornstraße 78
Fon 06203.4039686
Kunsteisbahn-Heddesheim@
arcor.de
www.heddesheim.de/de/
Freizeit/Kunsteisbahn

Öffnungszeiten:
1. Nov - Mitte/Ende März
geöffnet, auch am 26. Dez und
6. Jan; am 24., 25., 31. Dez und
1. Jan ist die Kunsteisbahn
geschlossen; Schließung zum
Saisonende ist witterungsabhängig.

Eissportzentrum Herzogenried
68169 Mannheim
Käthe-Kollwitz-Straße 23
Fon 0621.301095
eissportzentrum@mannheim.de
www.mannheim.de/buerger-
sein/aktuelles-0

Eissporthalle Viernheim
68519 Viernheim
Am Alten Weinheimer Weg
Fon 06204.74239
eishalle@eisfuechse-
viernheim.info
www.eissporthalle-
viernheim.de

Wasserskifahren und Wakeboarding St. Leon und Rheinau

Skifahren nur in den winterlichen Bergen?
Wer das nasse Element nicht
scheut, kann im Mannhei-
mer Ortsteil Rheinau oder
in St. Leon auch auf Wasser-
skiern oder Wakeboards
sein Können austesten. Anfänger wie Fortgeschrittene
können sich an Seilzügen
über den Rheinauer oder
St. Leoner See ziehen lassen.

68789 St. Leon-Rot
Am St. Leoner See 1
Fon 06227.52314
info@wasserski-stleon.de
www.wasserski-stleon.de

Öffnungszeiten:
www.wasserski-stleon.de/
zeiten

68219 Mannheim
Rohrhofer Straße 55
Fon 0621.8930322
info@wakeboarding-
mannheim.de
www.wakeboarding-
mannheim.de

Öffnungszeiten:
www.wakeboarding-mann-
heim.de/cablepark/
oeffnungszeiten.html

„Alla donn ..."

Sabine Demirci (52) hat die Hoheit über die Termine im LEO-Kalender. Die Neustadterin ist mit Herz und Kindern in der Region unterwegs – stets mit wachem Blick für neuen Lesestoff.

Die Freizeitexperten

Michael Dostal (54) ist der Kopf des Ganzen. Der passionierte Läufer weiß aber auch, sich gemächlich und genussvoll durch die Kurpfalz zu bewegen.

Ute Günther (37) bewahrt über sämtliche Projekte den Überblick. Gerne ist sie draußen unterwegs, um Geschichten für Magazine und die LEO-Bücher mitzubringen.

Markus Giffhorn (42) schlemmt sich für den LEO durch sämtliche Lokale. Und auch in der Weinszene kennt sich der Mannheimer Genuss-Pfälzer bestens aus.

Roland Happersberger (50) erfreut sich an dem reichen kulturgeschichtlichen Erbe der Kurpfalz. Ansonsten ist der Hettenleidelheimer mit dem (pfälzischen) Festgeschehen im LEO befasst.

Tobias Grauheding (39) wuchs in einem Forstamt im Pfälzerwald auf und beobachtet für den LEO, wo die Jugend abtanzt. Er kennt viele schöne Plätze, die es zu erwandern gilt.

Gisela Huwig (48) beweist, dass auch Saarländerinnen sich zwischen Pfälzerwald und Odenwald zurechtfinden können. Sie beobachtet für den LEO, was sich an neuen Aktionen regt und was sich sportlich bewegt.

Bernhard May (62) beobachtet für den LEO das aktuelle Film- und Fernsehgeschehen und betrachtet mit dem Blick des Brandenburgers typische Attraktionen in der Kurpfalz.

Christian Roskowetz (54) hält in der LEO-Redaktion die Fäden in der Hand. Er radelt täglich über den Rhein und wieder zurück, um die Region in vielerlei Facetten zu beschreiben.

Melanie Hubach (31) sorgt für einen starken optischen Auftritt. Mit viel Kreativität hat die Fotografenmeisterin die Lieblingsplätze des Autors Christian Chako Habekost mit ihm in Szene gesetzt.

Kai Scharffenberger (42) beobachtet im LEO das Kunst- und Kulturgeschehen im weiteren Umkreis. Außerdem gibt es kaum eine Burg, die er nicht erkundet hat.

Carina Zweck-Osterspey (53) gibt dem Inhalt eine Seele. Aus einer Idee mit zahllosen Texten und Bildern macht die Lektorin mit viel Engagement ganze LEO-Bücher.

Martina Sema-Weiß (47) sucht für den LEO schöne Termine für Kinder aus. Die Zweibrückerin kennt sich aber nicht nur in der Westpfalz bestens aus.

Auch bei uns erschienen:

Kabarettist und MundArtist Christian Chako Habekost kennt seine Pfälzer „High-mat" bestens. In diesem lokalpatriotischen Reiseführer stellt er dies eindrucksvoll unter Beweis. Es geht unter anderem um Wasser und Wein, um Bahnen und Pfade, ums Wandern und Essen oder um den „Underground der Eingeborenen". Gemeinsam mit den Freizeitexperten des LEO, dem Freizeitmagazin der „Rheinpfalz", stellt der (Kur)Pfälzer Dialektiker in seiner bekannten satirischen Art Ausflugsziele vor, verrät seine Lieblingsplätze und betrachtet die Pfalz aus ungewöhnlichen Blickwinkeln. Dass er dabei mit Wortakrobatik und augenzwinkernder Ironie zu Werke geht, versteht sich von selbst. Das LEO-Buch bietet viele amüsante Facetten, ist aber mit seinem umfangreichen Serviceteil ebenso informativ. Damit wird es zu einem Wegweiser durch die Pfalz, wie es ihn so noch nicht gibt.

ISBN 978-3-937329-56-7 · 12,80 Euro

Als Wander-Wunderland der Kontraste begeistert die Pfalz jung und alt. Seit 2007 erscheinen Monat für Monat Wandertipps im LEO, dem Freizeitmagazin der „Rheinpfalz". Diese entstehen in Zusammenarbeit mit dem Pfälzerwald-Verein. 40 davon sind bereits im ersten „Pfälzer Wanderbuch" zusammengefasst worden. Es ist nach wie vor erhältlich. 40 weitere Tipps, die sich wieder als Wegweiser durch die Schönheit der Pfalz verstehen, bündelt nun der zweite Band. Zahlreiche attraktive Fotos, Karten und Höhenprofile helfen auch im „Pfälzer Wanderbuch II", sich die jeweils richtige Tour auszusuchen.

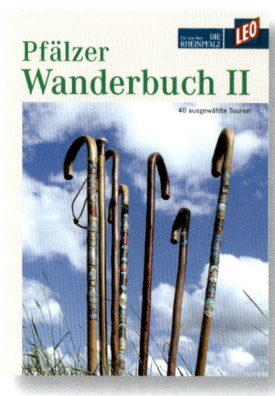

ISBN 978-3-937329-72-7 · 12,80 Euro

Ein buntes Kontrastprogramm für graue Regentage bietet der erste Schlechtwetterführer für den Südwesten. Mit diesem Buch kann man schnell und gezielt nach einem Ziel in der Pfalz, in Baden und in angrenzenden Regionen suchen, das zur Familie und ihren Interessen passt. Die Freizeitexperten von LEO, dem Magazin der „Rheinpfalz", ordnen ein und empfehlen, was sich für (Klein-)Kinder mit und ohne Geschwister lohnt. Der ausführliche Serviceteil zu jedem Tipp macht die Planung leicht.

Darüber hinaus nennen die Autoren weitere Ausflugsziele in der Umgebung, falls es weiterregnet oder die Sonne doch noch hervorkommt. Auf einen kurzen Nenner gebracht: Mit diesem Buch kann man Schlechtwettertage in Ruhe auf sich zukommen lassen und spontan entscheiden, was unternommen wird.

ISBN 978-3-937329-71-0 · 14,80 Euro

Komplett überarbeitet und erweitert präsentiert sich hier das erfolgreiche Laufbuch von Hans-Jürgen Eichberger. Es ist vor allem für Hobbyläufer gedacht und wird unterschiedlichen Ansprüchen gerecht. So finden sich Tipps für den Einstieg in eine tolle Sportart, aber auch für die Vorbereitung auf einen Zehn-Kilometer-Lauf oder gar die Teilnahme an einem Halbmarathon oder Marathon. Ganz neu: Wer sich zum Ziel gesetzt hat, schneller zu laufen, erhält nun spezielle zusätzliche Ratschläge. Auch einen Trainingsplan für einen Marathon unter drei Stunden hat der Laufsportler und Trainer Eichberger erstellt.

Dabei ist und bleibt das LEO-Buch keine wissenschaftliche Abhandlung, sondern will schlicht Lust aufs Laufen machen. Der Band richtet sich an Anfänger und Fortgeschrittene gleichermaßen. Als Co-Autoren sind der selbst aktiv laufende Sternekoch Karl-Emil Kuntz, die Mediziner Dr. Norbert Klinkenberg und Dr. Thomas Dambach, der Osteopath und Physiotherapeut Franz Kaufmann sowie der Orthopädie-Schuhtechniker Michael Laux mit dabei. Trainingspläne, Materialien für die eigene Wettkampfvorbereitung und Rezepte runden die Inhalte ab.

ISBN 978-3-937329-92-5 · 14,80 Euro

Bildnachweis

Seite 14: eyetronic/Fotolia.com
Seite 22: Thermen & Badewelt Sinsheim
Seite 23: Ute Günther
Seite 24: Strandbar Worms
Seite 25: Stadt Mannheim
Seite 26: Stadt- und Tourismusmarketing
Weinheim
Seite 27: Tobias Grauheding
Seite 28: eyetronic/Fotolia.com
Seite 29: Daniel Ernst/Fotolia.com
Seite 32: Melanie Hubach
Seite 42: neurobite/Fotolia.com
Seite 43: Thorsten Treiber
Seite 44: Thorsten Treiber
Seite 45: Schloss Auerbach
Seite 46 (links): Landesmedienzentrum
Baden-Württemberg
Seite 46 (Mitte): achim-mende/Staatliche
Schlösser und Gärten Baden-Württemberg
Seite 47: Manfred Steinbach/Fotolia.com
Seite 50: Zauberhut/Fotolia.com
Seite 57: Michael Dostal
Seite 58: Fontanis/Fotolia.com
Seite 59: Tobias Grauheding
Seite 60: Staatliche Schlösser und Gärten
Baden-Württemberg
Seite 62: davis/Fotolia.com
Seite 70: Markus Huwig
Seite 71: Thomas Leiss/Fotolia.com
Seite 72: TECHNOSEUM Mannheim
Seite 73 (links): Musikpark Mannheim
Seite 73 (rechts): eyetronic/Fotolia.com
Seite 76: Melanie Hubach
Seite 85: Weldebräu
Seite 86: Molkerei Hüttenthal
Seite 87: Odenwälder Kochkäserei
Seite 88: Gemeindeverwaltung Ketsch

Seite 89: Stadt Alzey/Fotograf: Uwe Feuerbach
(www.feuerbachfotografie.de)
Seite 94: eyetronic/Fotolia.com
Seite 102: eyetronic/Fotolia.com
Seite 103: Stadt Heidelberg Diemer
Seite 104: Christian Roskowetz
Seite 105: Tobias Grauheding
Seite 106: Markus Huwig
Seite 107: eyetronic/Fotolia.com
Seite 108: Martina Sema-Weiß
Seite 110 (links): eyetronic/Fotolia.com
Seite 110 (rechts): eyetronic/Fotolia.com
Seite 111: eyetronic/Fotolia.com
Seite 114: Landesmedienzentrum
Baden-Württemberg
Seite 124: Michael Dostal
Seite 125: Planetarium Mannheim
Seite 126: Luisenpark Mannheim
Seite 127: Panoptikum Mannheim
Seite 128: Michael Dostal
Seite 129: hg_media/Fotolia.com
Seite 130 (links): Blackosaka/Fotolia.com
Seite 130 (Mitte): Luftbild Kay Sommer
Seite 130 (rechts): belleepok/Fotolia.com
Seite 131: eyetronic/Fotolia.com
Seite 134: Sörli Binder
Seite 142: Sörli Binder
Seite 143: Martin Dewenter/pixelio.de
Seite 144: Hockenheim-Ring GmbH
Seite 145: 1899 Hoffenheim
Seite 146: Norbert Suessenguth/Fotolia.com
Seite 147: Warren Goldswain/Fotolia.com
Seite 150: Capitol Mannheim
Seite 156: Hans Jörg Michel
Seite 157: Festspiele Heppenheim
Seite 158: Völkerkundemuseum Heidelberg
Seite 159: Capitol Mannheim

Impressum

Herausgeber

HMV höma Verlags GmbH & Co. KG
Badstraße 10a
76829 Landau
Fon 06341.969480
Fax 06341.9694829
info@hoema-verlag.de
www.hoemaverlag.de

in Kooperation mit

LEO
dem Freizeitmagazin der RHEINPFALZ
mssw Print-Medien Service Südwest GmbH
Kaiser-Wilhelm-Straße 34
67059 Ludwigshafen
Fon 0621.5902-860
Fax 0621.5902-880
info@mssw-online.de
www.mssw-online.de

Redaktion und Texte
Sabine Demirci, Michael Dostal,
Markus Giffhorn, Tobias Grauheding,
Ute Günther, Roland Happersberger,
Gisela Huwig, Bernhard May,
Christian Roskowetz, Kai Scharffenberger,
Martina Sema-Weiß, Carina Zweck-Osterspey

Lektorat und Recherche
Carina Zweck-Osterspey

Fotos von Christian Chako Habekost
Melanie Hubach

Gestaltung, Satz und Bildbearbeitung
Manfred Duda, Bodenheim

Druck und Verarbeitung
Westermann Druck Zwickau GmbH
Crimmitschauer Straße 43
08058 Zwickau

ISBN 978-3-937329-93-2
1. Auflage, Juni 2014